平凡爸媽的超級任務
培育孩子的鈔能力

Creating a Legacy of Wealth:
How Ordinary Parents Can Raise Extraordinary Children

斯特林 ・H・ 克蘭
Sterling H. Crane

方仁馨 譯

前言

真正偉大的，是爸媽！

005　前言　真正偉大的，是爸媽！

歸根結柢，能夠讓孩子成功成為有能力的人，不是你為他們做了什麼，而是你教了他們自力更生的能力。

——專欄作家　安・蘭德斯（Ann Landers）

起點早，財務自由早

隨著社會的進步與經濟的發展，理財已成為現代人必備的技能之一。然而，對許多孩子來說，理財是一個陌生的詞彙，他們缺乏對金融知識的了解，也不知道如何管理自己的財務。而父母也認為小孩子哪需要懂理財。有些父母會以為孩子只要把書念好，以後自然會懂理財；又或者認為，孩子沒有錢怎麼理財呢？總以為理財是大人的事。或許吧！但理財觀念可是越早開始越好。

投資大師華倫・巴菲特（Warren Buffett）當被CNBC問到，父母教導孩子理財時，最大的錯誤是什麼？他的回答是：「有時候，家長會等到孩子青春期時，才開始與孩子討論金錢管理。但其實，在孩子念幼稚園時就可以開始。」

巴菲特啟發我們 ，金錢教育要趁早開始。不管是教導孩子一塊錢的價值、「需要」和「想要」之間的差別、存錢的價值——它們全都是孩子在非常年幼時就會遇到的概念，能夠幫助他們了解這些事，當然也就再好不過了。

就如掌握世界重大財富的猶太民族，父母會從孩子很小的時候就教授財務知識和技能。猶太人的孩子三歲就會分辨紙鈔與貨幣，並從此累積金錢與理財的知識與技能。

也有不少父母常認為，金錢教育是一種投機教育，和孩子談錢是鼓勵功利傾向。這觀念其實大謬不然，**金錢教育不是投機教育，嚴格說，它是一種財務教育，甚至是生存教育**。因為，當今社會，人與財富的關係匪淺、糾纏不清，不能把關係理順理好，就必然貽誤人生，尤其不懂理財，深陷匱乏之生活，決不是生存之道。

還記得我喜歡的一種零食，三十年前一小包的價格是一美分，現在是一包四點五美分，也就是大概漲了四點五倍。以此簡單的推算，經過通膨的物價推升，每三十年物價和薪資都漲四倍吧，三十年後孩子長大成家時，必需賺到的是現在一般薪資的至少四倍。身為父母，有信心那時的他能賺到嗎？若再加上少子化、老齡化的社會趨勢，必須照顧健康的爸媽以及老婆的爸媽，那會承受多大的經濟壓力？若不從小教育他們理財，不就等於是扼殺他們的生存能力嗎？

「你知道世界最傷人的三種東西是什麼？」一位主管問過我。

我回答，不知道。

「**爭執、煩惱和空的錢包。而最後一種，最傷人。**」他微笑地說。

那是過去職場遇到困擾時，主管勉勵我，不愉快的事情盡早忘掉，努力賺錢才重要。這段對話，我一直謹記。同樣地，父母都不希望心愛的孩子過著錢包空空如也的一生。因此，父母的角色變得非常重要，他們不僅要為自己做好理財規劃，也要成為孩子的理財規劃專家。

教育是一種「塑形」（formation）的過程，經由觀念的長期漸次塑造，才可能形塑正確的理財知識與觀念。若父母及早就從孩子幼年開始就施予理財教育，扮演他們的財務規劃者，對孩子的觀念養成也就最有利。

父母是孩子的第一個榜樣。孩子在成長過程中很自然地會模仿父母的行為和態度，如果父母能夠做好自己的理財規劃，那麼孩子自然也會學會如何理財。相反地，如果父母的理財觀念不佳，孩子很可能會繼承這種不良的行為和態度，甚至影響他們的未來。

其次，父母可以從孩子幼年時期，就讓他們參與制定長期的理財計劃，也同時培養了他們正確良好的價值觀以及人生觀。畢竟金錢可以檢視一個人的品性與作風。因此，千萬不要認為孩子還小，就不須學習理財。謹記的一句話是：「**理財愈早犯錯，愈好**」。那麼從小開始犯錯，不正是最好的教育時機嗎？幼年即能接受財商教育，是對孩子的最大祝福與贈禮。無數成功人士早已為此背書。

想想，現在的孩子可能從小就開始接觸各種各樣的消費品，然而他們往往沒有長遠的規劃，只是跟著眼前的風潮消費。父母可以幫助孩子制定一個長期的理財計劃，並根據計劃進行每年的儲蓄、投資和消費，這種長遠的理財規劃也可以讓孩子培養良好的消費習慣，避免因過度或不當消費習慣，陷入負債的困境，並能為未來的發展打下基礎。

尤其是，在今天的消費社會，孩子們更容易受到廣告的誘惑，而這些「消費刺激」往往是一時的感覺、並沒有實際價值。因此，父母需要教育孩子如何分辨有價值的消費和不良的消費，幫助孩子建立良好的理財習慣。如果父母願意重視理財教育，就可為孩子帶來許多終身受益的好處。

名人的爸媽這樣教

父母應該是、也必須是孩子最重要的理財規劃專家。我們不妨從世界知名成功人士身上，看出真正成功傑出人士是如何重視幼年的財務教育。

巴菲特曾經表示，他從很小的時候就開始學習理財。他的父親霍華・巴菲特（Howard Homan Buffett）對他的理財教育有著深遠的影響。他曾說：「父親是我最重要的啟蒙。從很年輕時，就從他身上學到了要即早養成正確的習慣。存錢是他教給我的重要課程。」

而巴菲特也同樣非常關注自己孩子的理財教育，不僅學習如何理財，更讓他們學會用金錢去做有價值的事情。尤其，他不僅重視自己孩子的理財教育，還不忘向其他孩子推廣這項教育的重要性。

早在二〇一一年，巴菲特曾經協助製作兒童動畫《秘密百萬富豪俱樂部》（Secret Millionaires Club）。這部動畫就是以巴菲特人物形象為原型所創製，節目內容正是財商教育。巴菲特親自扮演了一群有進取心的孩子們的導師，甚至為自己配音。這部動畫總計二十六集，每集主述一個財商的主題，例如信用卡的運作等等。

在動畫中，巴菲特化身神秘俱樂部的主任，與幾個孩子們討論如何投資和理財。他告訴CNBC，「《秘密百萬富豪俱樂部》教導的事物，我也全都教給了我的三個孩子。那些都適用於商業和人生的簡單課程。」

確實，父母扮演富豪推手的例子不勝枚舉，多年蟬聯全球首富的比爾・蓋茲也是其一。蓋茲不僅財富傲視全球，更是世界知名的企業家和慈善家，其首富的養成過程，他的父親老蓋茲（Bill Gates, Sr.）居功厥偉。

老蓋茲不僅是位律師，也堪稱是兒童理財教育專家。老蓋茲在自己著作中的描述，兒子比爾・蓋茲和商業世界的首次接觸就是賣堅果。當比爾・蓋茲是童子軍的時候，他的小隊為了籌措假日活動的經費，需要他們在假日販賣堅果。小隊之間彼此競爭，看誰能籌到最多的錢。認真的小蓋茲花了許多時間，挨家挨戶地認真推銷堅果。而父親老蓋茲也沒閒著，總會在黃昏和周末時，空出時間跟着孩子一起去出門，開車帶他到不同的社區。當孩子逐門逐戶兜售的時候，老蓋茲就在車上等著他。這種陪伴，無疑是對孩子接觸商業、認識銷售、懂得財務的絕佳支持與鼓勵。

爾後當比爾・蓋茲自己有子女時，一樣秉持「陪伴」的家族基神。比爾・蓋茨的妻子說，比爾蓋茨再忙，也都會堅持一週接送女兒上學兩次。同樣的，孩子只要到了十八歲，比爾・蓋茲都會要求他們外出打工，學著獨立養活自己。

比爾・蓋茲一如父親，也非常注重自己孩子的理財教育，他會鼓勵孩子們學習如何儲蓄和理財，並讓孩子參與家庭的理財規劃。毋庸置疑，理財教育應該成為家庭教育的重要組成部分。因此，當世人關注的焦點往往落在名人身上時，其實成功的真正幕後推手，是他們深具遠見的父母親。

就以勞動賺錢的教養觀念來說，華倫・巴菲特和比爾・蓋茲兩人的父親都在培養他們從小就開始工作方面扮演了重要角色。華倫・巴菲特的父親在巴菲特年幼的時候就開始教育他關於股票和投資的知識，鼓勵他販售自製的產品，如汽水和糖果，以賺取零花錢。所以，巴菲特年僅六歲就用二十五美分買了半打可口可樂，再用每罐五美分賣出，獲利二十%。

諸多財富有成的成功傑出人士，都如巴菲特或蓋茲，從小就學習接觸財務、甚至開始「買賣經商」，像是新聞集團（News Corp）的創辦人、媒體大亨梅鐸（Rupert Murdoch）在學時，即開始賣馬糞、設陷阱抓兔子賺錢。這些名人今天的成就，固然和其聰穎的商業天賦有關，但不可忽略，他們的父母都支持並鼓勵孩子憑藉勞動掙錢，即使他們年紀尚幼。

這些名人的案例提醒著父母，家庭教育對孩子的發展有著深遠的影響。而理財教育不僅培養孩子有價值的生存技能、增加他們的自信和自尊心，尤其教會他們如何負責自己的生活，鼓勵了他們積極地探索世界、豐富人生，對孩子未來的成長和發展會產生多方面的正面影響。

天下父母都是心心念念為孩子未來鋪路，期盼著下一代有著美好富裕的人生。這本書就是要分享我長期對兒童財富教育的體會與心得，期望能協助父母扮演「孩子的財富規劃師」，培養孩子成為財務與心靈都富裕的一代。

比爾・蓋茲曾經寫下：「**爸爸，下次有人問你，你是不是真的比爾・蓋茲的時候，我希望你回答『是』。我希望你告訴他們，你是另一位蓋茲一直努力想成為的人。**」巴菲特也曾說過：「我生下來時，所得到的最好的禮物，就是擁有我父親。」

是的，富豪創造的成就並不容易，但更偉大的，是培育他的父母親。他們將「**不要乞求財富，而要創造財富**」的觀念栽植在孩子的心田裡，終於打造了下一代非凡的成就。期盼每一位重視理財教育的父母，其子女成年後也都有和蓋茲和巴菲特一樣的心聲與感念。

目次

結語　當富爸爸遇到窮爸爸 287

第一章

認識聖誕老公公

我不靠天賜的運氣活著，但我靠策劃運氣發達。

——洛克菲勒（John Davison Rockefeller）

如果你買了一台新電腦，要安裝軟體時，為什麼要格式化（format）呢？這是因為製造商和裝配工廠為了節省成本和時間，可能會將電腦系統安裝的非常簡單，或是預載一些廣告軟體和試用版軟體等。這些軟體不僅佔用了電腦的儲存空間，還會影響系統的運行速度和穩定性。

因此，在安裝軟體前，需要先格式化電腦的硬碟，這樣可以清除所有舊資料和軟體，讓系統回到一個全新的狀態。這樣做的好處是可以確保系統運行的穩定性和流暢度，同時還可以釋放出更多的儲存空間，讓電腦的運行速度更快。此外，格式化還可以清除病毒和惡意軟體，提高電腦的安全性，同時提高其運行速度和效率。

對財務知識仍懵懂無知的孩子來說，他們的金錢大腦也同樣需要格式化，畢竟孩子在成長過程中，可能會受到家庭和社會的影響，而形成了錯誤或不當的觀念和習慣。需要透過灌輸正確的金錢觀念，才能使孩子在未來的人生道路上更加穩健和成功。

猶太人的財富睿智

那要如何將孩子的大腦「格式化」，建立明確的金錢觀念架構呢？

有一句名言是：「如果你不能控制你的收入和支出，那麼你就不能控制你的生活。」這句話強調了建立預算的重要性。因為預算可以幫助我們了解自己的收入和支出狀況，控制花費節度，以做出更好的金錢決策。美國史上第一位億萬富豪洛克菲勒說過：「**一個人不是在計劃成功，就是在計劃失敗**。」理財教育要成功，首要就必須從計畫開始。但要如何計劃呢？尤其是對年幼的孩子呢？借鑑猶太人教育孩子財富觀念常使用的「五個罐子」教育法，是很理想建立認知的方式。這五個罐子分別是：

◎收入十分之一的「慈善罐」：用來幫助有需要的人。猶太人非常重視慈善，相信幫助別人就是幫助自己。

◎收入十分之一的「長期儲蓄罐」：用來為未來做長期的規劃，例如結婚、買房、子女教育等。
◎收入十分之一的「教育罐」：用來投資自己的知識與技能，例如參加課程、購買書籍、進修等。
◎收入十分之一的「娛樂罐」：用來享受生活，例如旅遊、看電影、購物等。
◎其他必要「支出罐」：用來支付生活必需品的支出，例如食物、住宿、交通等。

猶太人相信，透過五個罐子的分配理念，孩子可以學會建立預算的觀念，了解每項費用的重要性和優先次序，學習如何妥善分配財富，這有助於孩子學會在收入和支出之間達到平衡，以及如何做出明智的金錢決策。尤其是，還必須分配給慈善之用，使孩子可以了解到金錢不僅僅是用來滿足當前需求，還可以用來幫助他人和規劃未來。

猶太人這一流傳千年的五罐理財教育法，核心精神就是要有「預算」觀念，也就是建立財務的規劃制度。我教孩子的第一課，就是從「建立預算」開始。

這樣告訴孩子：

預算，目的並不是限制你花每一分錢的緊箍咒，而是一份理解未來的藍圖、使理想可以執行的憑藉，以及睡得安穩的保障。所以，預算並不會限制你的自由，反而是給你自由。

聖誕老人懂預算

「小約翰，你知道聖誕老公公吧？」

「爸，當然呀，聖誕節的時候，他都會把禮物放進襪子掛在我的床頭啊！」

「是呀，聖誕老人一年只有一天送禮物，但他必須在這一天前準備好所有給世界的禮物。對吧？」我問孩子。

「是呀，那又如何？」孩子不懂我的提問。

「你想想，這意味著他必須提前計劃，制定預算，並確保他有足夠的錢來購買所有的禮物。」

「喔，沒錯。他得好好計畫，努力準備一年！」小約翰同意地點了點頭。

我希望透過這個比喻，可以教導孩子「制定預算」的觀念。

「那還有呢？準備禮物要花好多錢啊！」不錯，小約翰繼續發問。

「所以聖誕老人需要存錢，好在聖誕節前購買禮物。可見平常的存錢多麼重要，對吧？」希望孩子聽懂回答的用意。

「當然對呀，大家都有禮物，聖誕老公公得存好多好多錢呢！」孩子認真地說。

「你也一樣啊，如果你想要送同學禮物，或有其他用途，平日就得儲蓄。不是嗎？」效法正確的做法，就是我引用比喻的目的。

「那是一定要的。」孩子認同的點了點頭。

從聖誕老人的聯想，孩子就容易理解我要傳達的觀念，小約翰的金錢觀念就是從故事和比喻啟蒙的。

從前有一個叫阿咕的小熊，他喜歡和他的朋友們一起在森林裡玩耍、追逐和找尋美食。但每當他想參加朋友們的聚會或參與森林中其他的活動時，阿咕總是會發現自己沒有足夠的食物或材料來支付自己的費用。

「參加活動也要付費嗎？」小約翰好奇地問。

「要的，很多事情都離不開『使用者付費』的規則。想參加也要付出代價的。」

「那怎麼辦呢？」小約翰擔心地問。

「別擔心。有一天呀，阿咕的爸媽開始教他關於預算和資源管理的重要性。他們告訴阿咕，森林中的所有居民都需要學會管理資源，這樣他們不僅能參加其他動物的邀請活動，而且冬天來臨時，才有足夠的食物和材料來生存。」我向孩子說。

「阿咕怎麼做呢？」

「小熊阿咕很聽話，開始學習如何從森林中收集更多的果實、堅果、蜂蜜和其他食物，並把它們儲存在洞穴裡。他還學會了如何在森林中尋找可用的材料，比如葉子、樹枝和草叢，並將它們用於建立自己的小屋、熊洞和其他需要的物品。」

「那就好了，以後就可以參加活動了。」小約翰開始微笑了。

「光這樣還不夠喔！」我提醒孩子。

「為什麼？那還要怎麼做？」

「因為阿咕不知道到底應該儲存多少，才足夠支付活動和過冬的需要。」

「也對，那怎麼才會知道呢？」小約翰有好奇的心。

「阿咕的父母教了他如何製作預算來追蹤他的收入和支出，這就可以更好地管理他的資源。」切入問題的重點了。

「怎麼說呢？」

「阿咕盤算著，一年的聚會活動有多少？需要貯備什麼？冬天來臨，應如何準備才夠禦冬所需？他還開始學會如何交換物品，用他自己的食物和材料來換取其他的物品，這樣他可以得到更多的東西，而不是總是依賴他的媽媽和爸爸了。」

「阿咕好聰明！」孩子若有所思地說著。

「是呀，這就是建立預算的好處。在以後的日子裡，阿咕慢慢地變得更有自信和自立，並成為了森林中很有能力的生存者喔。」

「喔，原來如此！」兒子露出似懂非懂的表情。

「小約翰，是的，這就是建立預算的重要性。或許你現在還不能非常明白，但總有一天，你會用上。」

「嗯嗯」小約翰點點頭，傻呵呵地笑著。

我特別告訴小約翰，要學會理財，就是會分配手上的生存資源，這是連阿咕、以及任何松鼠、螞蟻、兔子，天生就會做的事情，因為他們會儲存食物，以備不時之需。反而是我們人類常常忽略了「備糧」的重要性，終至深陷貧困之中。當孩子還小，要灌輸觀念時，就得用故事和比喻先讓他們對「建立預算」有著想像。或許只有模模糊糊的概念，也是建立理財觀念的第一步。

家長常問我，該如何教導孩子執行「建立預算」呢？我是教導孩子如何使用記帳本或記錄軟件，可以從日常生活中的小地方開始。

記帳本或記錄軟件是教育孩子記錄每筆開支的好方法。讓孩子及早學習記帳，不定時的拿出來反覆檢討，不僅是機會教育，而且是親子間很好的互動。四五歲時，小約翰才剛剛學習寫字並且理解數字。初時，要讓他記帳當然並不容易，而要記帳，當然得先理解數字。我和妻子就設計以簡單的遊戲方式，讓他理解數字的大小關係：

遊戲名稱：數數比大小

遊戲目標：幫助孩子理解數字的大小關係

遊戲材料：五個不同顏色的骰子

遊戲規則：

將五個骰子放在桌子上，讓孩子將它們搖晃幾次，以便隨機出現不同的數字。

我教孩子將每個骰子的點數相加，以確定骰子的總點數。再漸次，讓孩子將骰子從小到大排列，並逐個數出每個數字，以幫助孩子了解數字的大小關係。一段時間後，如果孩子玩得很好，可以讓他們嘗試計算每個骰子的平均點數，以幫助他們進一步了解數字和數學概念。

遊戲變化：

將骰子替換為「水果卡片」，每張卡片上印有不同數量的水果。讓孩子從一堆卡片中隨機抽取五張卡片，並按照相同的規則進行遊戲。

讓孩子將每個卡片的水果數量相加，並要求他們按照順序列出數字，例如從小到大或從大到小。從中讓孩子進行加法或減法，以幫助他們進一步了解數學概念和數字之間的關係。

初期是從遊戲中訓練孩子的數字認知。另外，我和妻子也在一些物品上貼上價格標籤，之後還以玩具錢幣模擬買賣，讓小約翰知道每個物品的數字與商品的價格。綜合這些方法，很快地孩子就有了數字觀念。隨著數字概念越來越清晰，就可以告訴孩子記錄支出的好處，例如了解自己的花費習慣，並且確保他們知道如何理解並製作有效的預算。尤其要落實在日常生活中。

例如，在購物時，可以與孩子一起確認商品價格。此外，在購物後，還可以要求孩子幫忙整理收據，按照金額大小排列，這就意味著孩子已經從骰子遊戲中訓練畢業了，我也要求他學著記錄每筆購物支出。

我：「小約翰，你知道什麼是預算嗎？」

小約翰：「不知道。」

我：「預算就像是一個錢罐。當你把錢放進錢罐時，你知道錢罐裡有多少錢，而當你從錢罐裡拿錢時，你也知道你可以拿多少錢。同樣地，預算可以讓你知道你有多少錢可以使用，以及你可以用這些錢做什麼。」

小約翰：「那如果我想買很多東西，但是罐子的錢不夠怎麼辦？」

我：「這就是為什麼預算很重要。如果你知道自己有多少錢可以花費，你就可以考慮你想要買的東西是否超過了預算，如果超過了，你就需要節省開支或者等到錢足夠再購買。」

小約翰：「好像有點難。」

我：「不難，爸來解釋一下。比如，去超市買東西，你可以自己挑選喜歡的東西，但是要先看一下價格，看看自己的錢是否夠買。你也可以記錄開支，每當你買了東西，就寫下來，這樣你就可以清楚地知道自己花費了多少錢。」

小約翰：「那要怎麼做呢？」

我：「首先，你需要知道你有多少錢可以花費。你可以從每週零用錢中開始，然後考慮可能需要購買的東西，如玩具、書籍和零食等。」

小約翰：「那我怎麼記錄我的開支和存款？」

我：「你可以開始寫一個簡單的預算表格，列出開支和存款。每次花錢時，你都要在預算表格上記下你花了多少錢，這樣就可以清楚地看到你還剩下多少錢可以用。記住要及時更新你的預算表格。」

小約翰點頭：「好的，我有點概念了。」

我：「最後，爸想告訴你，建立一個預算非常重要。你可以把預算看作是你的『**錢管家**』，它可以幫助你控制你的開支，並且讓你成為一個更好的理財者。」

小約翰：「好的，那我想現在就開始建立我的預算！」

我：「太好了，你現在就是一個有計劃的消費者了！記住，預算可以幫助你更有效地管理你的錢，達成更多的目標。每個月都要記得檢查你的預算，看看有沒有需要調整的地方。」

教育孩子建立預算，就是幫助他自小懂得在某個時間內的用錢節度。對孩子來說，可以透過建立預算的作法，理解了屬於他自己的財務世界。尤其，預算要執行得當，就一定要「記帳」。記帳的好處確實不勝枚舉。洛克菲勒家族就印證了這點。

富六代的秘密

維基百科這麼記載約翰・戴維森・洛克菲勒：

約翰・戴維森・洛克菲勒（John Davison Rockefeller Sr., 1839-1937）是知名的商業大亨和慈善家。他被廣泛認為是有史以來最富有的美國人和現代歷史上最富有的人。

洛克菲勒是全球首位擁有十億美元身家的富豪，普遍被視為西方世界史上首富。是許多人崇敬和效法的人物。他的致富故事已是歷史傳奇。但外界多是從他的事業領域、商戰策略，來研究其發跡致富的歷程。殊不知，約翰菲勒家族從發跡至今已經延續了六代之久，甚至已到第七代，依然是名列世界富豪榜。而絕大多數人不知道的是，令這個家族能夠富貴綿延數代的祕密，竟是一本小帳本，鋪展出一「本」萬利的財富世家。

這個帳本記載的是洛克菲勒小時候到父親農場打工，幫忙擠牛奶、送貨等做過的工作和一些金額數字。那時候，每到了月底，洛克菲勒就會拿着帳本和父親結算。其實，如前言所說，富豪故事中真正值得感佩與效法的地方，是背後偉大且有遠見的父母。因為無論出於何種原因，他們讓孩子開始工作，從而開啟與財務的關係。就如洛克菲勒，在還只是個四、五歲的孩子時，就必須要幫媽媽做些雜務來換取一些零用錢。

爾後，他同樣要求自己的孩子從小就要學習記帳，每晚睡前要力行這項工作，不止每筆開銷都要如實一一記錄，還要向他解釋購買每一樣東西的理由。

他的獨生子小約翰（這就是我暱稱孩子為「小約翰」的原因了）在繼承家族產業後，也承襲沿用了父親的「小帳本」財務教育，嚴格教育子女理財。

洛克菲勒家族第三代的么兒大衛（David Rockefeller），曾經出版《約翰・洛克菲勒回憶錄》。書中曾描述，在他們還未上學之前，父親小約翰從未給過他們零用錢。直到他們開始上學後，父親才會根據他們的年齡調整零用錢的數額。他們最期待的時刻就是每週六早餐後，他們兄弟姐妹會拿出各自的小帳本，排隊等待父親核對帳目並發放下週的零用錢。就像他們的祖父對孩子們的做法一樣，只要他們能好好記帳，控制開支並謹慎理財，就能夠領到更多的零用錢。反之，如果記帳不好或者沒有節制，那麼就會減少零用錢的數額。

從金錢教育來說，「記帳本」就像是洛克菲勒家族世襲的家訓，是子女財富教育的基石。家族的孩子每一天結束前都要記錄每一筆開銷花費，甚至花錢購物也要有「合理的說法」。連一分美金都不能放過。而到了月底，父母會和孩子一起檢討，好控管下個月的開銷。

我印象中還有一則洛克菲勒的故事是：洛克菲勒在每個孩子的杯子裡放上固定數量的方糖，做為一個禮拜的使用量。如果孩子泡咖啡，放多了糖，那麼一旦糖用完，後面幾天就得喝苦咖啡了。由此可見，在財商的訓練上，約翰・洛克菲勒真稱得上是位教子有方的教育家。

方糖配給的做法，就是要讓孩子從小學會節度，懂得分配，決不讓孩子養成「超支預算」的壞習慣。洛克菲勒的家族故事證明了，富豪是可以教出來的！

再舉另一位家族成員的例子。尼爾森（Nelson Rockefeller）是約翰・洛克菲勒的孫子。據說，尼爾森從小就受到父親的記帳教育。每當他收到錢時，父親就給他一本帳本，要求他記錄下來；同樣地，每當他花費錢時，也必須在帳本上記錄。尼爾森的父親不僅會檢查他的帳本，還會評估他的支出是否合理，讓他學會理性花錢。這種記帳習慣伴隨著尼爾森成長，培養出他出色的財務管理能力，最終成就他成為了一位成功的企業家和政治家。這個故事告訴我們，洛克菲勒家族對於財務管理的重視，以及如何通過教育孩子記帳來培養出色的財務管理能力。

可見記帳對洛克菲勒家族影響之深。確實，記帳對於孩子的理財啟蒙，有著無比重要性。我幼時即知道這些故事，又知道記帳對洛克菲勒家族的發家致富極其關鍵，所以也成為了我教育小約翰的訓練要點。

派發零用錢

但是如果只教導孩子懂得編列預算，那只是紙上談兵。若想落實生活中，就必須給孩子零用錢，觀察他如何實踐，也才能落實記帳的要求。

我必須先強調給孩子零用錢的原則：我並不認同因為成績好或是讓孩子做家事，就是孩子得到零用錢的方式。因為這些都是他們的「本分」，不是「美德」。

我的原則是：

一、家庭事務是發放零用錢的時機

例如修理漏水管或自行採購食材，讓孩子參與家務。透過參與家務，孩子可以培育責任感和自我價值，增加家庭融合感。

舉例來說，如果家裡需要修理漏水的水龍頭，原本要找外面的工人修繕，但若問題不嚴重，孩子可以解決，就可將原本需要付給工人的花費一部分給予孩子作為獎勵。因為他解決了全家的問題。

又或者家中某天不開伙，而是叫外賣。孩子若是自行出外採買，孩子就可得到外賣費用的一定比例。

這麼做的目的是著眼孩子參與家庭事務，而不是自私地只為自己好。唯有以幫忙家務、省下找外力的時機，孩子才更會覺得自己是家中成員，家庭融入感就更強了。

二、設定獎勵激勵孩子儲蓄

例如達到一定儲蓄金額即可獲得額外的零用錢。透過獎勵，孩子可以學習如何制定目標和計劃，同時也能體驗到達成目標的成就感和自我價值。

給零用錢是鼓勵孩子學習獨立，鼓勵儲蓄。毋庸置疑，給孩子零用錢確實是一個教育孩子財務管理技能的好方法。因此我建議，父母可以計畫訂定「**零用錢協議**」，內容就是和孩子約定什麼情況和條件才給零用錢。

父母不妨認真想想，給孩子零用錢確實有幾個好處：

一、避免任性索討

有了規定，就不致因發生某些狀況，為了安撫或「收買」孩子而給錢。若是那樣做，反而會給孩子不當的金錢價值觀念。這樣的行為會讓孩子誤以為金錢可以解決問題，卻忽略了其他重要的價值。

二、促進溝通期望

建立零用錢制度可以讓父母和孩子更好地溝通和理解對方的期望和需求。訂定零用錢協議不僅可以促進親子間的了解，孩子也可以學習如何在有限的資源下做出最好的選擇。

三、教育口徑一致

尤其，我和妻子會聯合起來，標準一致，不致因孩子要求，就給錢。但孩子可能會轉向爺爺索討。因為爺爺寵愛小約翰，往往經不起孩子的哭鬧，就任其索求了。很多家庭都會遭遇類似情況，這一定會造成教育的矛盾。

建立給零用錢的協議，有規則可循，不僅可以杜絕以上問題，而且也有利於訓練孩子的財務意識。如果父母定期檢查孩子的花費情況，並討論如何節省開支和達成目標，孩子就會更加理解金錢的價值和管理的必要。

父母和孩子都應該了解，零用錢協議的目的是幫助孩子學習管理金錢，而不是僅僅給他們更多的錢去花。因此，父母不應該隨意破壞協議，而是應該尊重協議，並在孩子違反協議時約束他們。我對孩子的理財教育就是從零用錢的派發開始。

小約翰是一個活潑好動的小男孩，也很聰明。當然他還小，我提出要給他零用錢時，他很開心，也難免有貪心的念頭，希望獲得更多零用錢。

「爸爸，我需要更多的零用錢！」小約翰嘟起了嘴，伸手要求更多的零用錢。

「為什麼呢？」我問道。

「因為我要買更多的糖果和玩具。」小約翰說道。

「要這麼多的糖果玩具做什麼呢？」我進一步地追根究柢。

「聖誕節快到了呀，我要送每位同學一份禮物！」他振振有詞。

「你的用心不錯。好，但是你必須知道如何理財。」父親說道。

「什麼是理財？」小約翰又忘記這個詞了，所以又好奇地問。

「你忘了嗎？理財就是指管理你的錢，讓你的錢用得更明智，而不是亂花。」我再次解釋道。

「那我該怎麼理財？」小約翰問道。

「那就從設定『零用錢協議』開始。」其實我也不是剛開始就約定「零用錢協議」，但當小約翰有了更多索討的要求時，這才有了協議約定的念頭。

「零用錢協議是什麼？」小約翰問。

「就是爸爸和媽媽會依照一些時間或狀況，給你零用錢。這些時間和狀況，就是我們和你協議的規定。」我進一步解釋。

「好麻煩喔，還要看時間和狀況。」孩子有點不耐。

「小約翰，我們剛剛不是已經談過了，零用錢就是要用來學習理財的，而不是讓你隨便花費的。所以，我們必須要有一個規則，讓你學習如何把錢花得更有效率。」

小約翰不太滿意，他問：「那什麼是花得更有效率呢？如果有效率，我就可以自己做決定嗎？我想買什麼就買什麼嗎？」

我笑了笑，回答說：「當然可以，因為如果經過深思熟慮、仔細評估，決定確實有購買的必要，而你的零用錢又足夠，那當然可以購買了。」我再次強調評估考慮的重要性。

「那太好了。」小約翰表情一掃陰霾。

「但是你必須要先考慮清楚，是否這筆支出值得你花錢。我們可以一起討論一下，看看是否有更好的選擇。」

「和爸爸一起討論？」

「是的，你還小，需要學習如何分配和管理資源。你擁有這些錢是為了學會如何理財，當你學習這些技能時，我會幫你監督和指導，但是這也需要你的配合。」我還是得再強調我參與的必要性。

「那麼，爸爸，你認為我應該怎麼分配零用錢呢？」他好奇地問。

「這取決於你的目標和需要。你可以把錢分成不同的部分，用於不同的用途。也可以隨時調整這些分配方案，以符合新的需求。」

小約翰點了點頭，好像頗為認同。他問：「那如果本來你給我的零用錢不夠買，可是我預先存錢了呢？」

我鼓勵地說：「太好了！存錢是一個非常好的行為，我很開心你能想到這點。比如，如果你能夠先存下一些錢，我們就可以一起想想，如何用這筆錢來做些什麼有趣的事情。」

小約翰點了點頭，開始有些明白我的意思了。

在接下來的幾個月裡，小約翰逐漸學會了如何有效地使用他的零用錢。他不僅學會了如何建立預算、設立開支目標，也配合目標懂得將錢存起來。更令我驚訝的是，他也學會了如何選擇更聰明的方式來花費他的錢，例如在折扣日購買商品，甚至問我購買二手貨的地點，以減輕開支，或者與同學合作購買某些產品以節省開支。

注意到了嗎？當家長為孩子建立零用錢制度，讓他依照制度思考消費與儲蓄的相互性，就更能深刻領略理財觀念。你的目的和我一定一樣，那就是透過這些訓練，讓孩子日後能成為財務自由的人！

想想熱氣球

假設你有一個玩具，如果你把這個玩具賣掉，它就會變成現金，讓你的存錢罐變得更滿。這個玩具就像是你的「資產」，因為它是你擁有的，可以換成現金。相反地，如果你向朋友借了一件玩具，這件玩具就是你的「負債」，因為你必須歸還這件玩具。

這個比喻，是我教導小約翰理解：資產就像是你的零花錢、收藏品和玩具，可以讓你開心和享受；負債則像是你欠了朋友的東西，需要儘快歸還，否則會有麻煩。

當我們談論金錢教育時，許多人會把注意力放在儲蓄和預算上，但我相信需要更進一步地了解「資產」和「負債」的觀念。為什麼呢？因為孩子們需要知道如何有效地管理自己的財務，以便未來能夠獲得更大的財務自由，否則一旦「資不抵債」，就會限縮生活運作的諸多層面，當然就自由不起來了。

我和小約翰說明，資產是指可以帶來收益的東西，比如股票、房產、儲蓄帳戶和投資基金等等。這些資產可以有助實現財務目標，比如買房子、退休和旅遊等等。相反地，負債是指你所欠的錢，比如信用卡債務、房屋貸款和學生貸款等等。了解資產和負債的概念，對是否理財成功至關重要，因為它會影響到你的財務自由。如果太多的負債，就需要花更多的時間和金錢來還清它們，會限制你的選擇和機會。

理財教育初期，父母要著重教導孩子理解資產管理。尤其，一定要教導孩子，**資產和負債不是永恆不變的**。資產若管理不當，資產便會變負債，而負債也未必都是不好，適度的、有目的的負債可能創造資產。要給予孩子的一個觀念就是，做好資產管理，避免變成負債，同時也不該完全懼怕負債，因為可能是創造資產勝利凱歌的前奏。比如，以下的情況：

資產可能變負債的例子

房子購買過度，借貸過多，房貸負擔過重，導致財務負擔增加，房子變成了負債。這種情況通常發生在人們過度擴大購房預算時。假如人們只顧著購買高價房屋，而沒有充分考慮到房貸還款壓力，或者在購買時使用高利率貸款，當然就會變成負債。此時，房子不再是資產，反而成為一個增加負債的風險。

股票投資失敗，導致虧損，成為負債。股票投資有時可能出現波動或跌幅，導致虧損。當虧損超過資產價值時，投資就會變成負債。例如一個人投資了股票，但股票市場崩潰，這個人的資產價值可能會大幅下降，甚至低於投資成本，這時候就會造成負債。

購買昂貴的汽車或奢侈品，維修和保養費用過高，導致負擔增加，變成了負債。當人們購買昂貴的汽車或奢侈品時，除了購買價格高昂之外，還需要支付高額的維修和保養費用。如果這些費用太高，超出了人們的財務能力，那麼這些物品就會成為負債，因為它們增加了人們的債務負擔。

負債可能變成資產的例子

借錢投資，賺取了高回報，將負債轉化為資產。假如一個人借錢投資，並賺取了高回報，那麼他們就可以將債務轉化為資產。例如一個人從銀行借錢購買股票，賺取了高額回報，那麼他們可以用這些回報來還債，同時獲得額外的收益，讓原本的負債變成資產。

貸款創業，成功後把負債轉化為資產。有時候，人們需要貸款來創業，但這也意味著他們需要負擔債務。但如果創業成功，並開始獲得盈利，那麼這些債務就可以轉化為資產。

負債促進投資，創造新的資產。有時候，人們需要借錢來投資某些項目，以促進其發展。例如，一個房地產開發商可能需要借錢來開發新的住宅項目，但如果項目開發成功，他們就可以賣掉房產，並用收益來還債，同時獲得額外的收益。

也就是說，資產和負債都是動態的，而不是靜態的。管理不當可能會導致資產變成負債，但管理得宜，負債也有可能變成資產。理解這些概念，對孩子的金錢教育至關重要，因為關鍵就在於有效管理財務。

「爸爸，什麼是資產和負債？」當我和小約翰介紹資產和負債觀念時，他不太理解。

「哦，那就讓我給你一個例子。你知道熱氣球嗎？」或許說個淺顯例子他比較能懂。」

「知道啊，那個會飛的氣球對吧？」原本疑惑的他有了微笑。

「嗯，你知道熱氣球是怎麼升空的嗎？」我先考考孩子。

「因為燃料發熱，把氣球內的氣體加熱，讓氣球比周圍的空氣輕，所以會往上飛。」看來，平日帶著小約翰約閱讀書籍，還是挺有收穫的。

「很好！這時候，你可以把熱氣球比喻成一個人或一個公司的資產，而燃料就是讓資產增加價值的因素，例如我和媽媽工作賺錢、投資獲利等等。這些都能讓一個公司的資產增值，就像熱氣球升起來一樣。」我盡量舉例說明。

「爸爸，如果燃料讓熱氣球上升，那麼燃料不夠了怎麼辦？」他擔心地問。

「很好的問題！如果燃料不夠了，氣球就會下墜。這就像我們的資產，如果不再增加，就可能開始下降。」慢慢進入問題了。

「噢，原來如此。」

「但同樣的，熱氣球也有籃子，載著人或物品。如果籃子內的東西太重，那麼熱氣球就會變重，也會造成下墜，就像人或公司的負債一樣。負債就是要付出的負擔，例如貸款、信用卡債等等。」我進一步地說明。

「那麼，如果籃子裡的重量太重了，不就飛不上去，就從空中掉下來了。」孩子追問。

「當然！如果籃子太重了，氣球就會下墜。就像我們的負債，如果太多了，就會拖垮我們的資產。」

「那如果我們把籃子裡的東西拿掉，熱氣球會上升嗎？」孩子彷彿找到答案地問。

「對的！如果拿掉籃子裡的東西，氣球就會上升。就像如果把負債減少了，資產就會增加。但別忘了，籃子裡的東西也是你的資產，拿掉了，也表示你的資產減少了。」我提醒著孩子。

「噢，所以資產和負債都會變動，對嗎？」

「很好！你真是聰明。沒錯，資產和負債都會變動。有時候資產會變成負債，負債也可能變成資產，就像熱氣球有時候會升起來，有時候會下墜。」

「在飛行中，上上下下不是很危險嗎？」

「確實很危險。所以熱氣球在飛行時，需要不斷地調整燃料和籃子的重量，才能保持平衡。就像我們的財務管理也必須適時調整，才能持續上升後保持一定的高度。」我說出了最重要的結論。

「我想我懂了。」孩子若有所思地點頭。

洛克菲勒說「靠策劃運氣發達」。**運氣有兩種，一種是不必努力的，像中彩票；另一種則是可以努力的運氣，只要不斷盡力，就會創造好運的**

機率。**但一定要策畫擬定，替自己規劃方向，看清現況，這就是制定預算的意義。**所以金錢教育的第一步是建立預算。就如同建造一座堅實的金融堡壘，用來抵擋浪費和超支的侵襲。核心關鍵在於保持財務的穩健，做到平衡預算，有效地管理資產和負債的相對性。金錢教育務必須教導孩子們避免資不抵債，避免入不敷出，才能為孩子們的財富之旅標註明確的航向，從而開啟一條財務自由的寬闊航道。

第二章

財商三重奏

「黃金三角」地帶

在音樂領域中，三重奏（trio）指的是由三個成員或元素組成的小型團體或系統。通常是由三位音樂家演奏的樂曲，例如鋼琴三重奏（piano trio）、小提琴三重奏（violin trio）等。在其他領域，三重奏也可以指由三個人、概念、元素等組成的系統或團體。

回到金錢教育的場景中，三重奏可以指家庭、學校和社區這三個成員或元素，共同為孩子提供全方位的金錢教育。這個詞語強調了三個元素的重要性，需要相互合作才能夠有效地幫助孩子學習管理金錢。

兒童理財教育固然是父母責無旁貸的責任，然而，單靠家庭來培養孩子的財務知識是不夠的。如果再加上學校和社區的幫助，不僅可以減輕家長的施教負擔，更可讓孩子在不同的場域學習，以達到接觸更全面的財務知識。畢竟童年時期的孩子，家庭、學校與社區是他們日常生活的主要活動場域，「生活即是教室」，所以，這三處稱為兒童理財的三重奏，也是「黃金三角形」，缺一不可。

首先，學校是孩子們學習的重要場所。除了學習基本學科，學校也可以透過課程和活動，提供孩子學習財務知識的機會。例如，在課堂上或課餘活動中，教授適合孩子的基本財務概念和技能，例如儲蓄、預算和購物等等。又像是，學校也可以藉由「班費」的繳納來提升孩子的財務知識與觀念，讓孩子們一起討論如何管理班費，以及如何分配資源，讓孩子從小就養成良好的財務概念與理財習慣。

此外，社區也是孩子們學習財務知識的好地方。社區可以透過不同的活動和計劃，來提供孩子學習財務知識的機會。例如，有些社區會舉辦財務管理講座，家長可以帶著孩子聆聽，以了解基本的財務概念和技能。此外，也可建議社區舉辦「小小投資比賽」，讓孩子們透過實際操作來學習投資知識，同時還可以加強孩子的團隊合作和競爭意識。透過家庭、學校、社區三者的協作，形成兒童理財的「黃金三角」地帶，培育孩子從不同角度來學習財務知識，有助提升他們相關的知識，建立良好的財務觀念和習慣。

班費教孩子的那些事

千萬不要以為學校只與讀書有關，而與財務知識是絕緣的。特別是在小學，孩子們就可以從管理「班費」的過程中學習許多關於財務的基本知識，例如記帳、預算、理財等。

小約翰的班上開始準備收取班費了。當老師克莉斯汀收集到所有的班費後，特地為此舉行了一次班級會議，開始討論如何使用這筆班費，讓同學們更好地了解財務知識。

首先，克莉斯汀老師向同學們解釋了財務的基本概念，並告訴他們如何儲蓄和管理自己的錢。接著，老師建議將班費分成三個部分：

第一部分用於學習資源，例如購買書籍、學習工具、參觀博物館等。

第二部分用於回饋社區，例如捐贈給當地慈善機構、購買社區環境保護用品等。第三部分則留作緊急備用金，以應對突發狀況。

這樣的安排很棒，讓同學們能夠體驗到真實的財務管理，了解如何做出明智的決策。例如，當同學們考慮購買學習資源時，他們需要研究市場，比較價格和品質，並最終做出最佳選擇。當同學們捐贈給社區慈善機構時，他們需要研究這些機構，了解他們所需要的物品和金額，以確保捐贈能真正幫助到有需要的人。同學們也需要學習如何設立預算和管理備用金，以應對任何突然發生的情況。

為了使這個計劃能夠更好地實施，克莉斯汀老師還特別制定了一個細緻的管理方案。他們委任了一個班費管理小組，由同學們自己選舉人選擔任。該小組負責記錄所有的收入和支出，並在每學期末提供一份報告。此外，小組成員還需要負責管理備用金，以確保這些資金不會被濫用。

管理班費的做法取得了非常成功的成果。在過程中，小約翰班上的同學們不僅學到如何熟練地管理班費，也逐漸了解如何正確地使用金錢，理性分配，並開始學會為未來做打算。

最棒的是，這個做法與成果宣傳開後，引起了其他老師的關注，許多老師也開始在自己的班上實施相似的計畫，並將孩子們帶入理財教育的大門。

起初我也沒想到學校可以扮演理財教育的好場域，但針對班費的教育方式，不僅是讓孩子們學習理財的好方法，也提醒家長可以如何配合學校，利用學校的資源在生活中培養孩子的財務知識與觀念。

我印象很深刻的是，有一次小約翰被選為班費管理員，需要負責收取、記錄和管理班費。

小約翰發現有幾位同學沒有按時繳納班費，但這些同學的家長都承諾會盡快補交。孩子該怎麼處理這些逾期未繳的班費呢？他該如何平衡管理班費的責任和尊重同學和家長的承諾？

後來小約翰竟果斷的決定與逾期未繳的同學和家長進行溝通，了解情況，並向他們解釋班費的用途和管理流程。同時，他也提醒他們按時繳納班費的重要性，以及逾期未繳的影響。小約翰並在網路的班級群組中公開了班費的收支情況，讓同學和家長能夠實時了解班費的使用情況和進展。

透過這樣處理，很快的逾期未繳的同學都完成了繳納。我很高興的是，通過這個挑戰，小約翰學習了如何與人進行溝通和協商，尊重他人的承諾，並適當地平衡管理責任和關懷同學的需要。同時，他也學會了如何建立透明的財務管理機制，讓大家能夠共同參與和監督班費的使用。

班費這件事給了我很大的啟發，原來可以透過學校來強化孩子的財務教育，分擔家長的施教負擔。此後，我常思索如何利用學校資源來協助孩子的理財教育，從而打好理財的基礎。比如，我建議學校多購買適合兒童閱讀的財經書籍或繪本，好讓學生有閱讀的資源。除了鼓勵孩子借閱之外，我和妻子也利用時間帶著孩子一起在家閱讀。

同時，我會建議學校老師安排讀書會，讀書會的書單中當然就包括適合兒童閱讀的理財書籍。讀書會也設立讀書小組，這樣同學們可以彼此討論，讓學生在閱讀過程中，討論如何有效地應用書中所提供的理財知識。這樣一來，學生不僅可以增加財經知識，也能夠加強合作能力和解決問題的技巧。而無形中，也借助老師的講解，增加孩子接觸理財教育的時間與機會。

甚至可以更進一步，建議學校邀請財務或事業有成人士，擔任小小講座的老師，分享各種不同淺顯易懂的財務觀念，孩子可以直接當面發問，這是很有效的學習方式。

以上是屬於偏靜態活動的建議內容。另外，我也會利用學校的園遊會，鼓勵孩子爭取經營攤位，學習做生意的技巧。有一次園遊會中，小約翰和同學們商量決定經營一個自製冰淇淋餅乾的攤位。我向他們解釋製作冰淇淋餅乾的成本和價格，以及如何計算利潤。我還給學生們分配任務，如計算成本、製作冰淇淋餅乾和推銷產品。在活動當天，學生們全程參與製作和銷售，總共賺取了一百五十元的利潤。他們不僅非常開心，還從中學會了如何計算成本和利潤，以及如何與人交流和推銷產品。

當然，在這個過程中，孩子也遇到了一些困難，例如計算成本和利潤的時候，學生們發現很難估算材料的浪費量，這樣會影響成本和利潤的計算。為了解決這個問題，老師安排學生們進行實驗，測試不同的浪費率，從而找到一個更準確的成本和利潤計算方法。通過這樣的實踐，學生們學會了如何解決問題和進行實驗。

除了園遊會之外，學校舉辦的活動也是一個很好的理財訓練機會。例如，有一次我帶著學生，以學校的名義參加社區的慈善募款活動。我向學生們解釋了慈善募款的意義和目的，並讓他們參與籌備和運作過程。他們學會了如何製作海報和宣傳材料、如何向人們介紹慈善活動，以及如何回饋參與者。

在這個過程中，學生們也遇到了一些困難。有些學生不太懂得如何向人介紹這類活動，也不太懂得如何進行回饋。但任何活動的介紹說明，就如同行銷宣傳，是非常重要的商業環節。為了解決這些問題，我在活動前給他們講解了如何進行宣傳和回饋的技巧，並讓他們進行角色扮演練習。這樣一來，學生們可以更加自信和流暢地進行宣傳和回饋。

遊戲中的財商教育

金錢不是遊戲，但遊戲可以學習金錢觀。

是孩子，都不免喜歡玩遊戲。既然如此，一樣可以從投其所好的角度，來教育他們財務知識與訓練財商。

小約翰和他的很多同學都喜歡玩遊戲，因此經常花錢買遊戲卡。許多家長都擔心這會影響孩子的學業，也怕孩子「不當地」誤用了零用錢。

但我卻持不同意見。我認為，孩子喜歡遊戲本身並不是壞事，重要的是讓他們玩對的遊戲。因此，我向學校提出建議，在課外活動中增設益智遊戲項目，作為財務世界的啟蒙工具。

這個建議得到老師和學校的認可和採納。同時，我也提出開放讓一位家長可以參與或觀摩這個「益智活動時間」的建議，以提供必要的說明和協助。這樣的活動可以讓孩子更好地了解遊戲中的智慧，而且參與並了解孩子們在遊戲卡購買時的行為與想法。這時候，就可伺機帶領孩子學習正確的財務知識。透過類似的活動，學校扮演了教導孩子財務知識的角色。這樣的效果非常明顯，畢竟在學校的平台上，教育可以更具有普及性和影響力，讓更多的孩子可以學習到理財知識，培養健康的金錢觀。

和許多家長的理解不同的是，其實，益智遊戲的內容非常多元，也不枯燥。例如：

記憶卡：這種遊戲卡通常包含數字、字母、圖像等，玩家需要記住每張卡片的位置和內容，然後在遊戲中配對相同的卡片。

數學卡：這些遊戲卡包含各種數學問題，例如算術、幾何、代數等，玩家需要解決這些問題來贏得遊戲。

字母卡：這些遊戲卡包含字母，玩家需要在遊戲中用這些卡片拼湊單詞或句子。

圖像卡：這些遊戲卡包含各種圖像，玩家需要在遊戲中解決與這些圖像相關的問題或任務。

地理卡：這些遊戲卡包含各種地理問題，例如國家、首都、河流等，玩家需要解決這些問題來贏得遊戲。

以上只是簡單列舉一些益智類遊戲卡的類型，家長和老師可以針對學習的目的，購買不同的遊戲卡。遊戲卡可以成為教育孩子理財的一個工具。以下是一些使用遊戲卡教育孩子理財的建議：

設立預算

給孩子一些貨幣或點數，讓他們用這些資源購買遊戲卡。這些卡可以有不同的價值，孩子可以用這些卡來購買遊戲、玩具等物品。讓孩子每週或每月根據自己的預算來購買遊戲卡，以此來教導他們如何管控自己的支出和收入。

存錢和儲蓄

讓孩子把一部分貨幣或點數存進他們的「儲蓄卡」，以便日後購買更貴重的遊戲卡或玩具。這樣可以教導孩子如何在財務上規劃，如何儲蓄錢，以及長期投資的好處。

理解價值

讓孩子用他們的貨幣或點數購買遊戲卡，以此教導他們如何計算和比較不同物品的價值。這可以幫助他們學習如何做出明智的購買決策，並理解金錢價值的概念。舉例來說，假設給孩子每週二十個點數，可以讓他們購買不同面值的遊戲卡。比如：

五點數：價值一元

十點數：價值二元

二十點數：價值四元

孩子可以學習決定如何分配他們的點數，例如買一張價值十點數的遊戲卡和兩張價值五點數的遊戲卡。這樣他們就可以學習如何管理支出和收入，以及如何做出明智的購買決策。

雖然有些遊戲卡也有增值的潛力，但投資報酬率不是很明顯，主要的目的還是幫助孩子建立起基本的理財概念和技能。我建議父母、甚至學校都不妨可以藉由孩子喜歡的遊戲來啟蒙孩子的金錢財商。

大亨，小「賺」

除了學校之外，社區也是孩子活動的主要場域之一。利用社區的資源來增進孩童教育的機會，也是值得家長們關注的重要管道。

當然，有些社區可能沒有充足的資源或時間去舉辦一些複雜的活動。但仍有一些社區可以直接利用現有環境和功能，以幫助兒童提升財商知識，比如：

◎利用圖書館：社區可以與當地的圖書館合作，為孩子們提供有關財務管理和理財的書籍。這些書籍可以借給孩子們閱讀。

◎結合學校：社區可以與當地學校合作，將財務管理和理財納入課程中。學校可以提供學習材料和教師，社區可以提供財務教育的資源和支援。

◎利用社區中心：社區可以利用社區中心的場地舉辦免費的理財講座或工

作坊。這些活動可以邀請當地的財務專家或志願者講解有關財務管理和理財的知識。

◎利用社交媒體：社區可以使用社交媒體平台，向家長和孩子們提供有關財務管理和理財的資訊和建議。透過這些平台，社區可以與家長和孩子們保持聯繫，分享相關的資訊和活動。

社區常會不定時舉辦活動，這也是可以善加利用、提升孩子財商教育的機會。比如，小約翰小學四年級，有一天聽到社區要舉辦跳蚤市場拍賣會，他非常興奮，因為他很想參加這個活動。

但是，他不知道要拿什麼東西去販售。而且孩子一開始沒有什麼自信，因為他覺得自己的東西不值錢。但是，媽媽卻鼓勵他：「小約翰，你有一個不需要的東西可以賣掉，現在把它賣掉，換取一些錢，不是很好嗎？而且，你不需要的東西，可能正是其他人最需要的東西呢！」

孩子聽了媽媽的話，開始思考自己的玩具，他發現有一個久未玩過的火車頭，這是他幼年時的最愛，但是他現在已經中年級了，玩具也沒有太多的用處了。小約翰想，如果他把玩具拿去販售，就可以賺到一些錢，然後再把錢存起來，等到他需要的時候再花掉。他就帶了玩具火車頭和其他幾樣物品，參加了跳蚤拍會。

當他到了跳蚤市場，有點緊張，因為不確定他的玩具是否有人想要購買。他找了一個位置並展示他帶來的拍賣物品。起初，人們似乎沒有太在意他的東西，因為現場有很多其他的東西更吸引人注意。孩子感到有點沮喪，但他並沒有放棄。

這時，小約翰面對了銷售上的第一個困難。他發現在場的人很多，而且不少的攤位正在吸引人們的注意力。他開始覺得可能賣不掉玩具，但是他也知道，如果他不試一試，他就永遠不會知道自己是否能夠成功脫售。

他想到了一個主意，從一旁拿來丟棄不用的空紙盒，把玩具火車頭放在一個有透明玻璃紙的裝飾紙盒裏，並用絲帶繫起來，讓紙盒看起來像是一個小禮品，能夠吸引人們的注意力。這可是他懂得了「包裝」的初體驗。

包裝變好看了，賣相變佳了，但很多人只是多看了一會兒，並沒詢問。第二個遇到的問題是，如何讓人駐足並發問呢？

小約翰決定要繼續嘗試，他開始了解市場的情況，觀察了其他攤位的銷售策略，他決定開始主動和經過的人互動。他先大聲吆喝宣傳自己的物品，並向每個經過的人展示他的玩具。

這時，來了一個小女孩對他的紙盒感興趣，但她的母親搖頭拒絕購買。小女孩問為什麼不買，母親回答說她已經有了類似的東西。沒想到聰明的小約翰竟立刻建議，如果小女孩告訴她的朋友，他們可能會有興趣購買。這引起了女孩母親的注意，雖然最後這位女士還是沒有購買，但她稱許了小約翰的反應。

雖然沒賣出去，但小約翰不氣餒，只要有人停下腳步，他就開始介紹火車頭的來歷故事，並解釋為什麼這個火車頭是獨一無二的。這不就是「**故事行銷**」嗎？雖然他並不懂得這個名詞，但真的很令我高興。這種方法也真的引起了人們的注意與興趣。

但是第三個遇到的問題是，他發現有很多人都在銷售自己的物品，有些物品價格便宜，有些物品價格較高。孩子開始感到有些緊張，因為他事前沒定價，完全不知道如何將自己的火車頭賣出一個好價錢。我只是在一旁靜靜陪伴，完全放手讓小約翰自己思考解決的方式。

透過小約翰對玩具的熱情解釋，吸引了一些買家的注意，他們開始詢問更多關於火車頭的問題，並對它產生了興趣。儘管有人詢價，但孩子仍先不作答，實際是他還沒想到如何開價。他仍只是更親切的解說，並且維持與客人良好的互動。我知道，他的小腦袋瓜裡正在思索著如何定價。何況，這麼努力地解說介紹，也正是向買家展示了物品的價值，讓買家感到這是一筆划算的交易。

客戶多微笑地看著這個親切殷實的「小老闆」滔滔不絕的說著，終於孩子給出了一個不錯的價格，在經過一番討價還價後，孩子成功地賣掉了火車頭。而之後小約翰帶來的其他物品也都完全銷售一空，收穫了一些錢。

跳蚤市場結束後，回家路上，我想起了當老蓋茲回憶起比爾・蓋茲挨家挨戶賣堅果的故事時，那時的小蓋茲會一一記錄著敲每家大門賣東西時的印象，分析什麼因素會影響購買的決定，找到正確的市場，又對總收入會帶來多大影響。

我同樣希望小約翰不僅僅只擔任了一回「老闆」，賺了些小錢，就一切結束了。而是希望也能像比爾・蓋茲小時候那樣，懂得在行銷活動中反省檢討並記錄過程，這會是最有收穫的學習方式。所以我在晚飯後，讓孩子自己總結今天活動的經驗。

孩子告訴我，他感覺到自己獲得了很多好處。例如：如何推銷他的產品、如何設定價格、發現溝通和人際交往技巧的重要。尤其是，他學會了如何向其他人展示產品、消除客戶疑慮、如何和客戶建立良好的關係。他還留下買家的聯絡方式，表示下一次的跳蚤市場舉辦前，會優先通知買家來看他的貨品。這次經歷對孩子的成長非常有益，他學會了勇敢地面對挑戰，並從中獲得了很多有用的經商技能和知識。

小設施，大世界

社區可以提供孩子財商教育的功能性，遠遠超過舉辦跳蚤市場這類活動。社區就是外在世界的縮影，透過觀察周遭的設施和生活環境，可以幫助孩子理解經濟趨勢，從而獲得更多的財經知識。比如：當麥當勞忽然進駐社區，孩子會高興地說：「哇，有麥當勞耶！」父母就可以趁機問：「你知道為什麼這裡會有麥當勞嗎？」好的解說可以教導孩子認識經濟與環境變化，而讓孩子觀察社區變化可以激發他們對經濟的好奇心和學習興趣。社區中的變化可能來自很多方面，比如：

◎當一家高檔超市進駐社區，可能意味著該社區的人均收入和消費水平提高，並且可能會帶來更多高端產品和服務。

◎當一家百貨公司結束營業，可能意味著該社區的消費需求下降，或者更多的人開始網上購物。當一家大型電商在該地開展業務，可能會對當地的傳統商業模式造成影響，也可能會使當地的物流產業得到發展。

◎當一家新醫院開業，可能會吸引更多的專業人才和高端醫療資源，進而推動當地的健康產業發展。

◎當一家新學校建立在該社區，也可能會提供更多的教育機會，並且吸引更多的教育人才進駐。尤其是大學的設立。

此外，還有一些其他的社區變化可以提供觀察經濟趨勢的指標，例如：

◎房價變化：如果社區的房價一直在上漲，可能意味著該地區的房地產市場正在繁榮，而且人口增長和收入增加等因素可能是推動房價上漲的原因。

◎人口變化：如果社區的人口增長率一直保持在較高水平，可能意味著該地區的就業機會和生活質量都相對較好，而且可能有更多的年輕人和移民搬到該地區，從而增加消費和產業發展的需求。

◎地區規劃：如果社區正在進行城市更新和地區規劃，例如興建新的商業中心、公園和交通設施等，可能意味著該地區的發展潛力較大，而且政府和私人投資者可能對該地區的未來發展持有較大的信心。

◎廣告和市場營銷：如果社區的廣告和市場營銷活動一直在增加，可能意味著該地區的企業和商家對該地區的市場和消費者感興趣，而且可能有更多的新產品和服務會進入該地區的市場。

無疑地，社區環境的變化可以提供許多觀察經濟趨勢的指標，這些指標有助了解經濟和金融的基本概念，例如供需關係、市場機制和投資風險等。但很多父母的問題是：**小孩應該懂這些嗎？**是的，我的答案非常肯定。因為社區裡的這些變化，可以教給孩子最實際、最有用的財經大勢的指標意義。

比方吧，我最常提醒孩子關注的就是加油站。原因是油價的變化。我居住的社區有座加油站。當然，需要開車的成年人才會關注加油站，這設施也似乎也與小孩無關。但是，別懷疑，一個加油站，就是給孩子很好的教育工具。

加油站的油價變化，確實是很好的經濟觀察指標，可以了解許多經濟和金融趨向。當我開車帶小約翰出遊，過程中免不了常需要為車子加油。可別輕忽加油這樣稀鬆平常的事，這可是很棒的財商教育課程。我們經常和小約翰分享這個觀察指標，也盡量淺顯的解說，讓孩子理解它的重要性。

首先，我告訴孩子，油價的變化通常是由供需關係所引起的。如果需求量高於供應量，油價就會上漲；如果供應量高於需求量，油價就會下跌。例如，二〇二二年一月，美國原油庫存減少，加上俄羅斯減產，造成全球原油供應減少，而需求仍然穩定增長，因此一些地區的油價上漲了近二十%。

接著，我解釋油價的變化對其他商品和經濟活動的影響。當油價上漲時，交通工具和運輸成本增加，進而影響其他產品和服務的價格。例如，航空公司的成本上升，可能導致機票價格上漲；而物流成本上升，可能導致商品價格上漲。因此，油價的變化可以影響整個經濟的運作和發展。

我的目的是教育孩子，觀察油價的變化可以讓我們更好地了解經濟和金融趨勢。如果油價上漲，這可能表示全球經濟活動和需求在增加，但供應不足；而油價下跌，可能表示全球經濟不景氣，需求下降，但供應量過剩。

歸結來說，觀察油價變化是一個重要的經濟觀察指標，可以讓我們了解經濟和金融趨勢。孩子的全球視野也因此開啟。

這樣告訴孩子：

當礦工挖掘深處的礦石時，很容易會遇到危險的毒氣，這時礦工就會放出金絲雀。當金絲雀開始不停地叫喊時，就意味著空氣中可能有毒氣，礦工就會盡快撤離以保命。同樣地，觀察周遭的事物也可以像金絲雀一樣，提供一些經濟金融的預警信號，讓我們能夠及時地調整投資和理財策略，避免受到損失。例如，看到商店裡的商品漸漸減少，價格也漸漸上漲時，就可能意味著經濟通貨膨脹；或是當聽到某個行業的公司都出現營收下降的情況，就可能意味著這個行業的未來不太穩定。因此，觀察周遭的現象就像礦工放出金絲雀一樣，可以提供經濟金融預警，讓我們能夠更好地保護我們的財富。

我告訴小約翰，若想觀察或預測任何未來的經濟走勢，通常可以透過某些指標，就可見微知著、略知一二。比如，以我的美國股票投資來說，「道瓊運輸指數」（DJt，「聯邦快遞」是其成分股）就像是判斷景氣的「金絲雀」（註：一般用「礦坑裡的金絲雀」一詞，有隱含領先指標的概念，也有早期預警的意味），因為它是近百年來預測美股未來走勢精準無比的指標。

也就是說，在複雜的經濟金融的渾沌世界，總會有一些數字隱隱然可以做為判讀趨勢變化的警示燈號，好提供我們梳理模糊未知的經濟大勢。這就是我希望小約翰也能夠從小地方，就能敏感覺察到外界的變化。

對有心培養孩子財商的父母來說，從實際的場域來深化孩子的理財，可以增進他們的經濟與金融知識。生活中經常可見的數字，就是非常好的入門訓練。比如說，我去亞洲旅行時，就發現亞洲部分地區和國家常有很多的銀樓，專門買賣金飾和純金，而且都會掛上黃金的買進和賣出的價格。所以從金子的價格漲跌，就能一定程度感受當下的經濟大勢。

但在美國沒有什麼銀樓，所以對金價並不敏感，也就不容易在日常生活中透過金子來感知經濟環境。美國雖然有珠寶行，但也沒有黃金的價格，因為大部分美國的金飾都是K金，而不是純金。所以金子觀察指標就顯不出作用了。反而是對汽油價格很敏感，當然，這是因為在美國的日常生活中開車的需求所致。

這就是為什麼我會要小約翰觀察油價變化的原因。我會進一步告訴他，油價是由供需關係、地緣政治和季節性因素等多種因素影響的。這些連串的說明，都幫助他更好地系統式理解經濟趨勢。

有一次，我要那時已讀小學五年級的小約翰注意油價。

「爸，今年的油價比去年高了很多。記得沒錯的話，現在每公升的油價比去年上漲了快要一元耶。」

「是的，油價確實上漲得很兇。」我邊加油邊回答。

「為什麼油價會上漲呢？發生什麼事了嗎？」小約翰好奇地問。

「當石油供應量減少或需求增加時，油價就會上漲。比如呀，當一個國家經濟發展迅速，人們的用油需求也會隨之增加，進而推高油價。同樣的，當國際局勢動盪、地緣政治不穩定時，油價也會受到影響。」

「喔，所以油價不是固定的。那還會影響哪些事呢？」孩子問。

「影響的層面可多了，因為油價是世界經濟的一個重要指標，它的波動會影響到許多行業的運作，包括交通、製造等等。當油價上漲時，交通費用和物流成本也會隨之上升，這可能會影響到許多人的日常生活。相反地，油價下跌則可能對消費者帶來好處。因為消費者的生活成本也相應下降。」我繼續說道。

「喔，但我還是擔心，那萬一爸爸你加油的錢不夠的話，怎麼辦？所以，可以先預測油價嗎？」孩子又問。

「呵呵，價格不容易完全準確預測，但是可以預測漲或跌大概的趨勢方向。主要是關注國際能源市場的動態，尤其是產油國家的政策變化。例如，當產油國家減產或增加產量時，就會對油價產生影響。這就是供需關係影響價格。」

「嗯，油價下跌，我們就能少花錢，但討厭的是，萬一上漲太多，開車出門就不划算了！」這孩子不錯，懂得替我的荷包著想了。

我趁機向孩子進一步說明理財的重要。

「是呀，這樣爸爸就不能常帶你出門了！」

「啊，那這不好。可是怎麼辦呢？」

「小約翰，當油價明顯上漲，就是告訴我們經濟環境不好。因此，平日要做好預算，控制花費，尤其是提高儲蓄。這樣才能應對突發事件。」

「有道理！」他點了點頭。

「還有呀，可以通過減少汽車的開銷來節省開支。比如我要多注意汽車保養、保持車輪正常氣壓、及時更換濾清器和機油等，這樣可以減少汽車的磨損和耗油量，這些都是很好的節省方法！」我繼續再加強孩子一些知識。

「爸，我也想到了，可以共乘汽車上學，或是騎自行車或步行啊。反正少開車就行了。」他得意地說。

「呵呵，太好了，小約翰，這麼做不僅多運動有益身心，也減少廢氣的排放呢。」我讚許著孩子。

透過觀察周遭的設施和指標，孩子們可以學習到如何從微觀的角度理解經濟趨勢，並且將這些知識應用到自己的理財決策中。例如，他們可以學習到如何根據當地的經濟情況來選擇投資標的，或者如何在不同的經濟狀況下做好預算和財務管理。

三角形的任意兩邊長度之和，必定大於第三邊的長度。這是數學的定理。所以同樣地，不要忽略了學校和社區對兒童理財教育的助益功能。僅僅靠父母的施教付出，是不夠的。如果可以三者並進，一定可以有效提升孩子的財務與金融知識，理財教育就可達到事半功倍的效果。反之，如果只有家庭教育，卻輕忽了學校與社區可以扮演的角色，那就事倍功半了。就像如果要演奏出完整動聽的三重奏，三者的付出與協同都是不可或缺的成功要素。學習理財當然是同樣的道理了！

第三章

認識五路財神

教導孩子理財教育，是每個負責任的家長必須承擔的責任，也是充滿挑戰的任務。成功良好的財務素養對於孩子未來的成功至關重要。

但是，教導孩子如何理財並不容易。父母往往不知道如何開始。因此，家長需要花費時間和精力找到合適的教育工具和方法，來幫助孩子培養良好的理財習慣與知識。懷抱期望孩子財務自由的父母，都深刻認識到這是一項巨大的挑戰。

我建議，在為孩子選擇投資工具時，最重要的是要遵循以下三**個原則：安全穩定**、**易學**、**結合孩子的興趣**。安全穩定意味著應該選擇風險較低的投資，同時穩定回報。易學，是指你應該選擇容易理解和學習的投資，這樣可以讓孩子更容易掌握投資知識和技能。最後，結合孩子的興趣是指你應該選擇孩子喜歡的事物來進行相關的投資，藉此可以激發孩子對投資的興趣和熱情，同時提高孩子的學習興趣和動力。

基於這三項原則，我研究了不同的理財工具，股票已經有很多書籍討論了，本書不另做說明。我是選擇了適合孩子的五種投資工具和領域，包括儲蓄型存款、定期定額基金、ＥＴＦ（Exchanged Traded Funds，指數股票型基金）、漫畫（公仔、積木）、保險保單。透過這些工具，我成功地幫助孩子建立了良好的理財觀念和技能。更重要的是，他已經開始感受到財務上的成就感，並且在未來絕對可以更加自信地管理自己的財務。

雖然教育孩子理財充滿挑戰，但是，只要通過「學中做、做中學」的方式，我相信可以成功地幫助孩子建立良好的理財習慣和技能，從而為他們的未來奠定穩健的財務基礎。

儲蓄型存款帳戶

「小約翰，今天我要和你分享一個理財工具，就是儲蓄型存款帳戶。」我看著孩子。

「儲蓄型存款帳戶是什麼？」小約翰問。

「『儲蓄型存款帳戶』就像是一個綠色的花圃，你可以把你的錢種在裡面，像種植花卉一樣，慢慢地看它們成長和開花。這個花圃是安全的，有專業的園丁來照顧喔，讓你的財富得到最好的保護和管理。就像選擇不同的種子，栽種不同的花。在這花圃裡，也可以選擇不同的儲蓄方式，例如定期存款、活期存款等，讓你的花圃變得更加豐富多彩。當你需要使用這些錢時，你可以像摘花一樣輕鬆地取出你的財富，而不用擔心它們的安全和風險。因此，儲蓄型存款帳戶就像一個美麗的花圃，可以讓你的財富茁壯成長。」

「聽起來很棒，我喜歡花園。」小約翰喜歡花草。

「是的，不只有花兒可以摘，還有花香呢！」

「儲蓄型存款也有花香？那是什麼？」孩子問。

「儲蓄型存款帳戶是一種存款型金融產品，通常由銀行或某些金融機構提供。你可以把自己的錢存進這種帳戶裡面，並且可以得到一定的利息。利息就是額外的好處，就像摘了花，還會附帶花香。」我解釋。

「利息是什麼？」孩子問到重點了。

「利息就是你把錢存進儲蓄帳戶後，銀行會根據一定的利率給你支付一定的利息，這樣你的錢就可以增值了。」希望他開始理解利息的意義。

小約翰點頭表示明白。

我繼續說道：「儲蓄型存款帳戶有哪些優點呢？首先，儲蓄型存款帳戶是一種比較安全的理財工具，因為存款的本金不會損失。其次，儲蓄型存款帳戶的利率相對穩定，通常不會像股市那樣波動大。最後，儲蓄型存款帳戶可以隨時提款，比較方便。」

小約翰問：「那麼，這種儲蓄型存款帳戶可以賺多少錢呢？」

我解釋道：「儲蓄型存款帳戶的投報率通常比較低，一般只有百分之幾。但是，它的安全性比較高，適合作為長期穩健的理財工具。」

小約翰問：「那如果我把所有的錢都存進儲蓄型存款帳戶，我不是賺不到什麼利息了嗎？」

「對啊，這就是儲蓄型存款帳戶的一個缺點，投資報酬率比較低，但是它的好處是比較安全穩健，不會像股市波動而損失太多錢。所以如果你希望賺更多的錢，你需要考慮更高風險的投資選擇，但也需要更謹慎地評估風險和收益。」

「那要怎麼管理呢？」小約翰似乎露出疑惑的表情。

「既然這類帳戶像是美麗的花園，就得要耕耘、施肥、灌溉和保護花園才能使它美麗茂盛一樣，你不斷將資金投入儲蓄型存款帳戶中，也要耐心等待時間的滋養和增值，使你的財富也像花園一樣茁壯成長，收穫豐碩的果實。最後就可以享受努力的成果，帶來平靜和收穫。」希望他了解我的比喻。

「嗯嗯，我還是覺得先把錢存在儲蓄型存款帳戶裡比較好，因為我可以確保我的錢安全。但是我也想賺更多的錢，你可以再教我其他的投資選擇嗎？」孩子很有求知慾。

「當然可以，我們可以進一步探討其他投資選擇，但千萬記得，要評估風險和收益，並且不要投入太多風險資產。」我再次提醒。

「好的，我會謹慎考慮的。」孩子已經有了風險意識。

透過對話的方式，我引導他了解投資的風險和報酬之間的平衡，並且讓他意識到不同投資選擇的風險和報酬特性。最重要的是，他學會了如何在進行投資時保持謹慎和理智。

儲蓄型存款帳戶確實是一種比較保守的投資選擇，但是它的穩健性使它成為一種理想的學習工具，特別是對於想要學習理財知識的孩子。

這樣告訴孩子：

複利的效用：想像一下，你有一個魔法口袋，每天可以放一塊糖果在裡面。第一天，你只放了一塊糖果，但是第二天，這個口袋就變得很神奇了，它不但會讓裡面的糖果變成兩塊，還會再多增加一塊糖果，變成三塊。第三天，這個口袋就又神奇地讓裡面的糖果變成了六塊，再加上一塊，變成了七塊。這樣，每天你都可以放入一塊糖果，而這個口袋每天都會讓裡面的糖果數量加倍再加一，變得越來越多。

這就是複利的效用，當你的錢賺到利息後，你的錢就會像魔法口袋一樣，變得越來越多。

當小約翰理解了儲蓄型存款帳戶的優點和原理，我引導他開始進行一些具體的操作。首先，我們選擇了一家銀行開設了一個儲蓄型存款帳戶。然後，我教導小約翰如何存入一些現金到他的帳戶中。

小約翰開始了他的儲蓄之旅，每當他有一些零用錢或生日禮金，他都會存入他的儲蓄帳戶。我教導他，儲蓄不僅可以幫助他應對突發的開支，還能為他的未來做準備。我跟妻子會和孩子進行每個月的理財會議，我們會一起查看他的帳戶餘額，計算他的利息收入，以及檢討他的儲蓄進展如何。

隨著時間的推移，小約翰的儲蓄數額不斷增長，他開始了解到錢的價值以及通脹對其的影響。他從中學會了如何制定目標，規劃預算，以及儲蓄的重要性。他開始了解到自己可以透過儲蓄來實現自己的夢想，例如儲蓄購買心儀的玩具或付清未來的學費。

在小約翰的儲蓄帳戶上，假設他獲得了每年一點五%的複利，這意味著他的利息將在每年結束時增加。例如，假設小約翰有一筆一百元的存款，他將在第一年獲得一點五元的利息，使他的存款變成了一百零一點五元。在第二年，他的利息將基於一百零一點五元，進而獲得更高的利息。這樣的複利機制可以幫助小約翰加快他的儲蓄進程，並將他的金錢充分利用。

為什麼儲蓄型存款帳戶適合做為父母教導孩子的理財工具呢？歸納來說，儲蓄型存款帳戶是一種較為保守的投資方式，兒童的理財教育畢竟以穩健保守為首要考量，其優點包括：

一、穩定性高

儲蓄型存款帳戶通常利率較固定，不會因為市場波動而受到影響，因此風險較低，收益較穩定。

二、安全性高

儲蓄型存款帳戶是由銀行或金融機構提供，通常會受到政府的保障，因此存款人的資金比較安全，不用擔心資金安全風險。

三、易操作

開立儲蓄型存款帳戶的手續比較簡單，操作也比較容易，存款人可以根據自己的需求隨時存取資金。

四、適合短期理財

儲蓄型存款帳戶通常不需要長期鎖定，適合用於短期理財，例如存放應急資金或學費等。

對於父母來說，儲蓄型存款帳戶是一種比較安全的理財方式，也比較容易操作和管理。而且，父母可以通過儲蓄型存款帳戶教導孩子理財，讓他們了解如何儲蓄和管理資金，養成良好的理財習慣。此外，儲蓄型存款帳戶風險較低，也能夠避免孩子因為投資風險而造成損失，因此適合父母教導孩子理財之用。

定期定額基金

第二項我為孩子挑選的投資理財工具，是關於定期定額基金（Dollar cost averaging）。為什麼要以定期定額的基金投資教育孩子並帶著他實際操作呢？

首先，定期定額投資是一種穩定的投資方式，尤其適合長期投資。因為孩子年齡較小，有更長的投資時間，可以在成長過程中獲得更好的投資回報。

假設，我選擇小約翰的定期定額基金投資旅程始於他七歲的時候。若我每個月為他投資一百美元，定期定額地買入一些成長型基金。五年後，當他小學畢業時，我們總共投入了六千美元，而他的投資組合的報酬率達到了每年八％。

在這五年中，有一次小約翰遇到了基金大跌的情況。當時，他的投資組合價值下跌了二十%，他開始擔心，想贖回投資。我耐心地解釋給他聽，告訴他市場波動是正常的，讓他知道要有耐心和信心，並且繼續堅持定期定額投資。最終，他聽從了我的建議，並且打消贖回的念頭。

這個決定的確是非常正確的。因為在稍後的幾年裡，市場開始回升，他的投資組合也重新上漲。當小約翰十二歲時，他的投資組合價值已經達到了七千一百美元，亦即他所投入的本金和回報的利潤的總和。這對一個孩子來說，是一趟收穫很多的投資之旅。

定期定額基金有許多種類，包括股票型、債券型、貨幣型和平衡型等。每種類型都有不同的風險和報酬。對於孩子來說，股票型基金的風險可能過高，因此建議選擇風險較低的債券型基金或平衡型基金。

什麼時候應該贖回？如果基金大跌，是否應該贖回，還是續存？優缺點如何？這些都是很好的理財教育問題。基金的贖回時機通常取決於投資者的投資目標和風險承受能力。如果投資者需要資金，或者基金的表現始終不如預期，可以考慮贖回。而如果基金大幅下跌，這可能是市場波動的一部分，並不意味著基金本身就是一個壞投資。如果孩子投資的是長期投資基金，而且仍處於成長階段，那麼投資者應該保持耐心，並持續定期定額投資。

對於小約翰或其他孩子來說，理解和控制風險是非常重要的。為了減少風險，建議選擇一些穩定的基金，並通過長期投資來分散風險。

特別強調的是，最好的兒童理財建議之一是從小開始投資，並保持長期的投資策略。定期定額投資是一種簡單、穩定、易於執行的策略，能夠幫助孩子累積財富，學習理財技能，建立長期的財務安全感。而且，定期定額基金的投資，可以帶領孩子更好地了解投資、風險和回報的基本概念。這將使他們能夠更好地準備未來的金融生活，提高他們的財務素養和風險管理能力。

任何人的理財都要強調穩健的投資策略，而定期定額投資就是其一。尤其慢慢致富，而不是快速暴富，一直是我告訴孩子的觀念，因為我相信這句話：「**耐心是成功投資的關鍵，長期投資是成功的關鍵，而定期定額投資是長期投資的關鍵。**」

不少的財經專家都建議，投資者應該通過定期定額投資來分散風險，並且將注意力集中在長期的投資目標上，而不是短期的市場波動。

定期定額投資是一種非常適合孩子投資的方式。透過長期的定期定額投資，孩子可以學習理財技能、累積財富、建立財務安全感，並了解風險管理和長期投資的重要性。定期定額基金的種類非常多，父母可以根據風險的承受能力和投資目標來選擇適合孩子的基金。

至於如何面對可能的跌價風險，當基金價格大幅下跌時，孩子、甚至父母可能會感到不安，並想要立即贖回基金。然而，如果這只是短期的市場波動，而且若基本面依然穩定，那麼持有基金可能是更好的選擇。當然，任何投資者應該根據自己的投資目標和風險承受能力來決定何時贖回基金。

定期定額投資的優點，就在於可以分散風險、降低成本、獲得更好的回報，而缺點則在於投資者可能會錯過短期的市場波動機會。然而，對於長期投資者來說，短期波動的影響是有限的，而定期定額投資可以幫助他們抓住長期的市場趨勢。

作為一位理財老師和父親，我認為幫助孩子從小開始投資定期定額基金是不錯的選擇。孩子可以從長期的趨勢中理解市場變化，學習理財與風險管理、累積財富、建立財務安全感，這是自幼培養他們良好的經濟知識與財務能力的良好投資工具。

有句話說：「**給孩子養成良好的財務習慣，比任何物質資產都重要。**」我也抱持這樣的信念，透過定期定額投資，我可以幫助孩子建立良好的財務習慣和理財觀念，為他的未來奠定穩健的財務基礎。

華倫．巴菲特的強力推薦

有段時間，我在想應該讓小約翰從哪種投資工具開始建立財富人生呢？經過比較以及鑽研大師的建議後，我選擇了ＥＴＦ和定期定額基金。比如，股神華倫．巴菲特不止一次公開推薦過ＥＴＦ（Exchanged Traded Funds，指數股票型基金），他更曾經建議妻子，在他逝世後，索性就投資ＥＴＦ，甚至他自己也買了追蹤標普５００指數（S&P 500）的ＥＴＦ。

ＥＴＦ和定期定額基金這兩種是非常適合初學者的投資工具，它們有以下的優點：

首先，它們非常容易理解和操作。ＥＴＦ是交易所交易基金，它通常跟蹤一個股票指數，如標普５００指數。而前述的定期定額基金則是基於一個投資組合，可以包含股票、債券和其他投資工具。兩種投資方式都是透過交易所買入和賣出，而且交易成本比較低。

其次，這兩種投資方式的風險比較分散。ＥＴＦ和定期定額基金通常是由多種不同股票或投資工具組成的投資組合，這樣可以降低單一股票或投資工具的風險。這也可以讓投資者在不同的市場環境下，分散風險。

而且，這兩種投資方式的報酬通常比存款高很多。根據過去幾年的數據，標普５００指數的年平均報酬率約為十％左右。而一些定期定額基金的年平均報酬率也可以達到七至十％。當然，投資本身是有風險的，過去的表現不能保證未來的表現，還是老話一句，投資者應該要根據自己的風險承受能力來進行投資。

如果你想帶領孩子開始投資ＥＴＦ和定期定額基金，可以通過以下步驟進行：

一、說明基本概念。首先，你需要向孩子解釋什麼是股票和基金。你可以通過簡單的例子來說明這些概念。例如，請孩子想像ＥＴＦ就像一個巨大的蛋糕。蛋糕裡面有很多不同的水果和堅果，每一塊都代表著不同的公司股票或債券。當你買進一個ＥＴＦ，就像是買了整個蛋糕，你會擁有裡面每一塊的一小部分，而不是只擁有單一的一塊。這樣的好處是，你可以藉由買進ＥＴＦ，讓你的投資風險更加分散，就像是品嘗蛋糕時，可以同時嚐到各種不同的口味，而不是只有一種味道。

二、選擇一個交易平台。選擇一個適合初學者的投資平台。這些平台提供了簡單易用的交易界面和投資教育資源。

三、開始投資。一旦孩子理解了基本概念並選擇了一個交易平台，就可以開始投資了。

透過投資ＥＴＦ和定期定額基金，孩子可以更深入地了解金融市場和投資策略，有助於提高他們的理財素養。以下是一些例子：

首先，透過投資ＥＴＦ，孩子可以了解不同行業和地區的股票市場表現。例如，孩子可以選擇投資標普５００指數ＥＴＦ，以追蹤美國股市的整體表現，或者投資科技ＥＴＦ，以了解科技行業的趨勢和表現。通過觀察ＥＴＦ的漲跌，孩子可以學習到市場波動的原因和趨勢，了解如何做出投資決策。

其次，透過定期定額基金投資，孩子可以學習到長期投資的重要性。例如，假設孩子每個月定期定額投資一千元，投資期限為二十年，年化報酬率為七％。在二十年後，孩子的投資總額為二十四萬元，而總回報為五十一萬元，這相當於投資回報率為一百一十一％！透過這個例子，孩子可以學習到投資的時間價值和長期持有的優點。

通過投資ＥＴＦ和定期定額基金，孩子可以學習到風險管理的重要性。例如，投資ＥＴＦ和基金可以實現分散投資，減少單一投資品種的風險。此外，定期定額投資可以實現穩定投資，降低市場波動對投資結果的影響。

總之，透過投資ＥＴＦ和定期定額基金，孩子可以學習到許多關於金融市場和投資策略的知識，這對於提高他們的理財素養和資產管理能力非常有幫助。

兒童收藏世界

小約翰喜歡讀漫畫，喜歡漫威電影，當然包括隨著電影推出的各種公仔。小約翰還喜歡玩樂高積木（Lego）。如果，一個人的理財能結合興趣，那就更能提升專注度，理財的成果也就更值得期待了。那麼，這些兒童世界的商品也可以是理財工具嗎？答案是肯定的。

可別以為這些只是孩子的玩具，以為毫無價值。實際上，這類大人認為不起眼的「小孩玩意」，常常增值的幅度甚至不輸成人世界的藝術品投資。先來看幾個案例：

美國珍版漫畫書的拍賣價格因漫畫的種類、年代、版次、狀態等因素而有所不同，以下是一些著名漫畫的例子：

◎美國漫威漫畫創刊號《漫威漫畫一號》（Marvel Comics #1）的一份珍

本，二〇二二年在紐約網上拍賣會中，一位匿名的收藏家以二百四十二點七萬美元高價標得。

◎「超人」第一次登場的一九三八年的《動作漫畫》（Action Comic）第一期，二〇二一年四月拍賣中賣出三百二十五萬美元。

◎同樣「超人」漫畫的另一個一九三九年版本，在二〇二一年十二月拍賣會上以二百六十萬美元成交。而當年在美國報紙攤上的售價僅十美分。

◎美國漫威漫畫旗下超級英雄「蜘蛛人」首次登場的《驚奇幻想》（Amazing Fantasy）第十五期漫畫，二〇二一年九月九日以高達三百六十萬美元天價拍出。而一九六二年的《驚奇幻想》第十五期，當時一本售價僅十二美分。

◎二〇二二年一月，僅僅單頁的一九八四年漫威漫畫《秘密戰爭》第八集的第二十五頁，這是蜘蛛人首次穿上黑色套裝亮相。以三百三十六萬美元的高價售出。

驚人的價格吧！因此收藏家們常會花費大量的時間和金錢來尋找稀有的漫畫書，以期望將其加入他們的收藏品中。例如，有位漫畫收藏家勞倫斯（Randy Lawrence）熱衷於收集漫威系列的蝙蝠俠漫畫。沒想到在六十歲時，小偷光顧上門，偷了多達五百本的藏書。為怕再度失竊，決定忍痛將大約從十歲開始收藏了五十年的一千本蝙蝠俠漫畫出售。據估這些漫畫價值高達約二百萬美元。可見一個十歲左右孩子的興趣收藏，經過長時間之後，可以形成多麼巨大的財富。

當然不只是珍版漫畫書有此投資潛力而已。再來看看樂高積木（Lego）的投資報酬率。

樂高與漫威合作推出的玩具系列，是近年來藏家的最愛，也因其獨特性、收藏價值以及增值幅度而受到矚目。

首先，為何藏家喜歡這些樂高積木結合漫威電影的玩具呢？除了樂高積木一直以來都是孩子們的最愛外，這些積木所組成的漫威角色玩具更是將童年時期的經典卡通人物與現今熱門電影做結合，吸引了不少年輕人的關注。甚至連一些年長的收藏家們也會因為漫威這些經典角色的存在而對這些玩具感興趣。

為何這些樂高積木結合漫威電影的玩具有著相當高的收藏價值與增值性呢？這當然是因為與結合其他品牌系列產品的熱門程度、稀缺性以及玩具的設計有關。這些樂高積木結合漫威電影的玩具在發行時限量版本的策略，造成了供不應求的現象，使得收藏價值進一步提升。這些限量版玩具不僅獨特而且更具有保存價值，畢竟樂高加上漫威都是非常受歡迎的品牌，擁有廣泛的收藏基礎，許多收藏家都非常珍視。

從趨勢上看，不少樂高結合經典電影公仔的收藏價值都在增加，而且增值百分比非常可觀。比如以漫威電影系列最受歡迎的角色之一「鋼鐵人」為例，二〇一八年推出的樂高積木結合漫威電影的玩具「Iron Man MK 50」，推出不算久，有些拍賣網站上很快就炒到了原售價的三倍以上。

當然，不僅是和漫威電影合作的樂高產品而已，和其他知名品牌聯手的產品也漲幅驚人。以下是一些相關的增值資料，這些價格是根據過去的收藏品銷售紀錄編制的，未來的收藏價格變化可能會有所不同：

◎二〇〇七年發售的《星際大戰》系列「千年鷹號」（Star Wars Millennium Falcon）定價四百九十九美元，售完幾年後價格竟飆漲近十五倍。

◎一款樂高保時捷Porsche 911 GT3 RS車型，推出時官方價格是二百九十九美元，爾後在二手網站和亞馬遜網站上，飆升了近四倍價格。

◎絕版的海綿寶寶系列蟹堡王大冒險（Krusty Krab Adventures），據統計每年漲幅接近十八%。

◎絕版的蝙蝠俠系列The Tumbler Joker's Ice Cream Surprise，從發售價五十元後來漲到九百五十二元，漲幅超過一千八百%。

所以，當大家的投資標的都放在股票、基金、藝術品、黃金、葡萄美酒等一般人熟悉的投資保值品時，令人意想不到的是，樂高積木成了可以投資的項目。

根據俄羅斯國家研究大學高等經濟學院（HSE University）的教授多布林斯卡亞（Victoria Dobrynskaya）的研究就指出，像是《星際大戰》的達斯・瑞文（Darth Revan）小型人偶，二〇一四年定價是三點九九美元，僅在隔年拍賣網站上已喊價超過二十八美元，增幅驚人。這份研究報告是根據一九八七至二〇一五年內超過二千三百套的樂高套裝積木加以研究，分析其回報率而得。

研究發現，在這段時間內，樂高積木可能才是最好的投資標的，因為平均漲幅可達十一％，很多已經過季絕版的樂高商品價格騰飛，這比其他的投資標的漲幅都還來得穩定。甚至，某些特定商品的回報率大幅提升到六百一十三%。

HSE研究還指出，自二〇〇〇年起，樂高積木的龐大二手市場已吸引了數萬人抱著投資心態購買。它不僅僅是一種玩具，而是一種合理的投資選項（Alternative investment），平均回報足以比肩股票。

而樂高積木結合漫威電影推出的公仔確實是一個受歡迎的收藏品，其價值隨著時間的推移不斷增長。但是這個投資領域並不只有漫威的產品而已，特殊的經典玩具都是很好的投資標的，像是芭比娃娃、甚至是日本的哥吉拉公仔。

對於收藏家來說，了解收藏品的價格趨勢非常重要，因為這有助於教導孩子選擇何時購買、出售或持有收藏品。除了參考歷史價格紀錄外，還可以關注樂高和其他代表性電影結合的新產品發佈，這些都可能會影響公仔的價值。

所以透過小約翰喜愛的樂高積木、漫畫書和漫威電影公仔，教導他關於理財和投資的知識，不僅投其所好，其增值潛力更可能完全不亞於成人世界的藝術品收藏與投資。

但最重要的是，對孩子來說，投資獲利只是副產品，並不是首要目的。主要的收穫，我認為還是其他層面。首先，這類兒童世界的投資除了讓孩子能夠更好地欣賞藝術和文化，也可以學習收藏品的歷史和文化背景，更好地欣賞它們的價值和美學，更因此培養孩子的藝術品鑑能力和金融投資意識。這不僅僅是一種有趣的學習體驗，更是有益的教育方式。

因為，過程中可以陪伴孩子學習如何選擇收藏品。我這麼告訴小約翰，選擇一件收藏品時需要考慮到物品的歷史背景、稀有度、狀況等因素。我會帶著小約翰上圖書館，通過閱讀有歷史的漫畫書，來了解實際版本的樣貌，這對日後尋找相關的漫畫版本極有幫助。又或者是帶著孩子閱讀公仔收藏和樂高積木的資料來瞭解這些知識，還參加了一些收藏展覽，以增強我們的知識涵養。

接下來，我和小約翰也一起學習了如何評估收藏品的價值。分析了歷史上一些著名的收藏品，並學習如何確定它們的市場價值。這使我們能夠更好地瞭解收藏品的真實價值。

以收藏漫畫、公仔和樂高積木來訓練孩子的理財教育，確實是一種非常有趣的方式，但還是要教導孩子分析樂高與知名經典電影合推的公仔之所以具有保值、甚至增值的功能，原因是上市的積木套裝大約每隔兩年就可能停產了。形同產品絕版，所以價格就會在二手市場迅速上升。

但是任何投資都有風險，這是必然的道理。所以父母一定要告訴孩子，別以為只要將時下的漫畫或公仔、積木等買下來，就一定可以坐收日後的增值。實際上，並非所有樂高積木都擁有升值潛力，也不是標註「限量版」就等著坐收增值獲利，過去也有不少的失敗案例。畢竟樂高每年都推出不少新品，停售後還增值的仍是相對少數，多數的型號停售後就只能降價並等待清倉了。

所以，選擇這類投資標的，一樣要有眼光，才能享受日後的增值成果。透過這些過程，小約翰了解投資的風險和機會、收藏品的價格一樣會有波動、甚至可能起伏更大。因此需要以耐心和長期持有的態度來面對投資，並且要學會如何將資產分配到不同的收藏品類型或不同的投資產品，以降低風險。

小約翰也很聰明地說，他要等待有折扣的時候或是購買二手商品的方式，來買下某些他喜歡的漫畫書、公仔。太棒了，他完全學會了購買成本越低、獲利機會越大的理財真諦了。

保單：晴天買傘

作為一個主張要有兒童理財教育的父親，最大的目的之一，就是培養孩子擁有財富無虞的未來。所有金錢教育的內容都是著眼於未來的財務安全。與這個目的相同的理財產品，就非保單莫屬了。我十分相信教育孩子早期投資保單的重要性，因為它可以為他們的未來打下穩健的財務基礎。我要分享我對兒子小約翰投資保單的經驗。

首先，為什麼要教育孩子投資保單呢？這是因為投資保單是一種長期投資，尤其適合可以長時間投資的兒童。它可以提供穩定的回報和保障，並在兒童長大後作為他們的儲蓄計劃。保單的類型很多，試舉個例子，如果一個人在出生時，父母每年為他購買一份價值一萬元的投資保單，並每年投入一萬元，且預期回報率為五%。當孩子十八歲時，他的投資保單價值將達到三十四萬元，如果持有到六十歲，價值可能會達到三百萬元以上。因此，這種長期投資策略是非常有價值的。

其次，最適合孩童的理財保單是什麼？我的建議是選擇一種**定期投資型**的保單，這種保單有一個固定的保費和投資期限。定期投資型保單通常具有比傳統保險更高的投資回報率，而且費用比較低，通常不需要支付高昂的費用。此外，定期投資型保單還可以在給付期限後提供長期的保障和資金儲蓄。

另外，我還選擇了一個投資保單，並在小約翰出生時就開始為他投保。這個保單名為「教育基金保單」，是由一家知名保險公司提供。我選擇這種保單是因為它能夠提供高於傳統儲蓄的回報率，同時還為我的兒子提供了教育基金。

這種投資保單的年投報率常優於銀行固定存款利息，頗有吸引力。當然，投資保單的回報率可能因市場波動而有所變化，但我認為這是一個值得的風險。在投資保單的幾年中，我注意到這筆教育基金有穩定的增長，讓我感到很滿意。

在眾多琳瑯滿目的孩童保單類型中，我認為「教育基金保單」是一個很好的選擇。這種保單通常可以為孩子提供教育資金，同時還有投資回報，讓家長在為孩子做好未來準備的同時，也可以讓家庭的財務增長。

選擇這種保單的好處之一是，在保單期限內，如果保單持有人（在這種情況下是我）不幸去世，保險公司將繼續支付未來的保費，確保孩子的保障和教育資金。此外，教育基金保單通常還提供了保險金，這可以保護我的兒子不會因為我不幸去世而面臨財務困難。

「爸爸，為什麼要買保單？什麼是保單呀？」當我向小約翰說明我為他買了哪些保單時，小約翰這麼問我。

「小約翰，買保單，就像買一把雨傘，儘管我們希望永遠不需要使用它，但如果下雨了，它就可以保護我們不被淋濕。同樣地，如果發生意外，保單就可以保護我們的財務狀況，讓我們能夠繼續向前。」我用淺顯的比喻，希望孩子理解保單的重要性。

雖然上述的保單是我替孩子選擇的，但每到繳費時，我都會和孩子分享投保的意義與價值，以及為他買的保單目前的狀況如何。這一方面讓孩子知道自己有份保障，而且經過這些觀念的教育，也有助於長大後加購不同需求保單的知識。他也慢慢理解，日後他一旦長大並且開始工作賺錢，他就要自己接手保單的繳納，並且可以因應需要自行調整保單的組合。

歸結來說，給孩子買保單或教孩子如何購買保單，可以為孩子的未來帶來穩定的財務保障。透過保險，可以保障孩子在突發情況下的生命、健康、教育和未來的財務需求。此外，通過教育孩子如何理財和購買保險，還可以幫助孩子建立財務意識和負責任的態度。這些知識和技能將對孩子的未來有重要的影響，幫助他們成為更獨立和負責任的成年人。

望子成富的父母一定同意，在教導孩子理財教育時，慎選投資工具，讓他們認識並實際應用工具是非常重要的。因為只有選對了工具，才能讓資金有效地運用，獲得更多的報酬。就像一位工匠必須要有好的工具才能打造出美麗的產品一樣，理財投資也需要選擇適合的工具。教導孩子選擇合適的投資工具，讓他們理解投資的本質和運作，並實際應用投資工具，培養他們的投資眼光和決策能力，這樣才能在未來的理財生涯中更加得心應手，真正做到財務的安全與自由。

第四章

蟲蟲危機

一部電腦如果要做運作順暢，常常必須要避免障礙（bug，蟲）出現，因此會需要進行「除蟲」（debug）的工作。

如果將人腦比喻成電腦，當大腦的理財運作一旦出現蟲蟲肆虐的不正確觀念，那就可能運作失靈，遭致損失。為了不讓大腦遭受「蟲蟲危機」，進而影響正常的運作，因此大腦也必須進行除蟲。

孩童的理財教育亦然。若理財觀念出現偏差，冒出的蟲害就會讓理財教育事倍功半，甚至前功盡棄了。那麼，兒童的財商教育可能會有那些常見的蟲害呢？從我教導小約翰的經驗裡，可以歸結以下幾點。最首要的就是情緒的影響。

情緒與自律

當我們教育孩子理財觀念的時候，往往會遇到各種挑戰。其中一個挑戰就是孩子經常會因為某些東西而大喊大叫，想要買下來。這種情況常常發生在公共場合，例如商場或街上。當我們拒絕孩子的要求時，他們可能會開始哭鬧或者表現出極端的情緒。

小約翰就曾經發生過這樣的情況。有一次我帶他去商場，他看到一件非常喜歡的玩具，就立刻跑過去抱著不放。他開始大聲喊叫，說要買下這個玩具，否則就不離開。

嘿，這立刻給了我一個聯想：不給小孩買想要的玩具，他就大吵大鬧，爸媽一解釋，他就負氣甩頭就走，這畫面不是和有些大人不合理要求老闆加薪，要求不到，就爭執，老闆一說明，不接受就負氣離職一個樣嗎？這可不行。

我試著跟他講道理，告訴他這個玩具並不是必需品，他可以等到生日或聖誕節再讓爺爺奶奶送他。但他仍然非常固執，並且哭得更厲害了。

我和妻子當時感到有點無助，因為我們不主張打罵孩子的教育方式，但是小約翰那時畢竟還小，情緒遠遠大於理性。這種情況不時發生，儘管我已經教育他關於理財的觀念很多次了。但是我也知道，畢竟還是孩子，他們會受到各種各樣的情緒影響，只要遇見喜歡的東西，為了要獲得，就很容易吵鬧起來。

因此，我就深刻體會一件事，那就是：**控制情緒是建立孩子理財紀律的重要一步**。

一個人要麼紀律自己的財務，要麼他的財務紀律他。

——奧林・伍德沃德

這句話千真萬確，如果孩子沒有學會控制情緒，即使我們再怎麼教育關於理財的觀念，也很難有效地培養他們對金錢的正確態度。因為當孩子情緒失控時，他們往往會做出不理性的決定，例如買下一件完全不必要的物品。衝動性購買，對於理財紀律與習慣和長遠發展都是極其不利的。

這樣告訴孩子：

理財就像每天刷牙一樣。一天沒有刷牙，牙齒就會變得不健康，同樣地，如果一天沒有控制自己的開支和儲蓄，財務狀況也可能開始變得不健康。但如果你每天都堅持做好理財，就像每天都要刷牙一樣，那麼你就能夠養成好的理財習慣。成功的理財是好習慣的養成結果，需經過潛移默化，才能使理財的觀念深植在孩子的心中，成為生活中一種自然而然的習慣，為孩子未來的生活打下健康的基礎。

如果希望孩子能夠建立起良好的理財習慣，就需要教育孩子如何控制自己的情緒。例如，在孩子表現出情緒失控的時候，我們不能輕易屈從，也不能不分青紅皂白地拒絕孩子。相反地，我們應該以冷靜的心態和孩子進行對話，嘗試理解孩子的需求和情緒，並與他們一起探討適當的解決方案。這樣的互動不僅能夠幫助孩子理解理財的基本原則，還有助孩子建立良好的情緒控制能力，進而養成理性消費的好習慣。

當父母遇到孩子在大街上哭鬧買玩具時，我的作法是按照以下步驟來處理這種狀況：

◎讓孩子哭：不要試圖阻止孩子哭泣或抑制他們的情緒。讓孩子表達自己的情感是非常重要的，因為他們還沒有完全掌握自己的情感和情緒調節技能。

◎不要被孩子的情緒綁架：儘管孩子的哭泣可能會引起路人的注意和你的尷尬，但你不應該因此而改變自己的決定或行為。我就讓小約翰哭，絕不能讓孩子認為哭泣是獲得自己想要的東西的有效方式，從而導致更多類似的行為。

◎堅定不移：明確告訴孩子，你的決定是不會改變的，並且不會買這件玩具。讓他們知道你的決定是基於一定的理由，如經濟上的考量、玩具不適合他們的年齡或者其他原因。

◎提供分散注意力的活動：你可以讓孩子轉移注意力，例如帶他們去做其他有趣的事情，像是去公園玩耍、閱讀書籍，或者和他們聊天，以幫助他們走出情緒低谷。

◎給予肯定：當孩子情緒穩定下來時，表達對孩子情感的理解和尊重，以及對他們的勇氣和堅韌的讚賞。這會幫助孩子建立自信和積極的自我形象。

父母都不樂見孩子哭鬧索求的場面，但這時候反而是最好的機會教育時刻。必須告訴孩子，「花錢是一件非常重要的事情，如果每次看到喜歡的東西都買下來，就可能買不起更有用的東西了。」我們可以讓孩子明白該款商品的價值，以及家庭預算和優先事項。可以告訴孩子，我們現在正在為學費和生活費做準備，因此現在不是買這種玩具的最佳時機。同時，不妨和孩子討論其他更實用和價格更合理的商品選擇。

我必須再次強調控制情緒在理財上的重要性，已經被眾多世界知名的投資家和財經專家所肯定。例如巴菲特曾經說過：「**投資並不是智力的遊戲，一百六十智商的人不一定能擊敗一百三十智商的人，關鍵在於理性思考。**」他強調重要在於學會「控制自己的情緒」。

確實，理財的成功，不在於智商，而在於情商。成功的投資者必須學會控制自己的情緒。這一觀念從孩童到成人都一樣適用。情緒是妨礙理財的最大敵人，控制不了情緒，就會讓情緒控制自己。因此，應該要加強重視孩子的情緒教育，尤其是牽涉理財方面。教導孩子學會、甚至鼓勵他們控制情緒，才能夠做到成功的理財。

成功的財商教育，一定是從孩童時代就要開始培養，而控制孩子的情緒，進而教會他們控制自己的情緒，絕對是建立孩子理財紀律的重要一步。作為家長，我們需要以理智和冷靜的態度引導孩子建立正確的理財觀念和消費習慣，才能夠幫助他們擁有一個更加穩健和健康的人生。

除了情緒的蟲害會影響理財外，在施以孩童理財教育時，第二種孩子容易出現的一種金錢觀念是：既然是給我的零用錢，我當然可以自主決定如何使用。這種觀念對嗎？父母又該如何因應孩子的這一說法呢？

我的儲蓄我做主？

從小約翰入學前，我就開始給他零用錢，並且教育他如何理財和儲蓄。小約翰很聽話，長期下來將一部分零用錢存入銀行，同時也學習如何合理地支配剩餘的零用錢。這麼多年來，小約翰成功地儲存了一筆相當可觀的儲蓄。

小學三年級的某一天，小約翰發現市場上有一款新的遊戲機，非常想擁有。他計算了一下自己的儲蓄，發現足夠買下這款遊戲機，於是決定將自己的儲蓄全部用來購買它。

我得知後，很擔心兒子會把長年儲蓄的錢都用在這個遊戲機上，因此我跟小約翰展開了一次關於理財的對話。

我：「兒子，我聽說你想買這款新的遊戲機，對吧？」

小約翰：「是的，爸爸。這是一款很好的遊戲機，我很想擁有它。」

我：「我知道，但是你已經花了很長時間儲蓄這些錢，若一下子就把所有的錢都用掉，實在太可惜了。你知道嗎，你的儲蓄可以用來應對未來可能發生的突發事件，比如你可能需要修理自行車或者購買學習用品。」

小約翰：「但是爸爸，這些錢是我自己賺的，我應該自己決定要怎麼使用它。」

我：「當然，你有權自己決定如何使用你的錢。但是，你慢慢長大了，會有更多不同的用錢需要。比如，多買些好書，或是送禮物給好同學。因此，你需要學會如何負責任，而且想好如何分配使用你的錢。」

小約翰聽到我這麼說，開始嘟起嘴。「爸爸，這不是我的錢嗎？我聽了你和媽的話持續存錢。存了很久，而且也有足夠的錢了。難道我不能購買嗎？」

我看著小約翰：「對的，這確實是你的錢，但是我希望你能夠更加明智地選擇怎麼花費。你不僅僅要滿足自己的需要，還要考慮到自己的未來。如果你一直這樣花錢，你可能會在未來遇到很多困難，而我不希望你受到傷害。」

小約翰開始感覺到了我出自善意：「我知道你關心我，爸爸。但是我真的想要那台遊戲機，我會好好使用它。」

我深呼吸了一口氣說：「好的，我理解你的想法。但是我不希望你因為一時衝動而後悔。如果你決定要買，我希望你能夠先想想自己真正需要什麼。如果你還是覺得那是你最想要的，我會支持你。但是我希望你能夠想想，是否還有其他的選擇，或許那些選擇可能更加理智。」

小約翰感覺到了我的支持和理解，他知道自己需要更加認真地思考這件事情。「我會聽從爸的建議，暫時不買那台遊戲機，先想想看是否有其他需要花錢的地方。」

「很好，這才是慎重的作法與負責任的用錢態度。」我嘉許孩子。

後來，在考慮兩天後，小約翰決定暫時不買了。等到存更多錢時再購買，而不是全部花光儲蓄。看到小約翰接受我的觀念，很感欣慰。

這也是我灌輸孩子要有的金錢觀念：無論買任何東西，都要有一定比例的「留用比」，而不是傾囊支出。

「我的儲蓄我作主」，這是父母對孩子進行理財教育時，很常遇見的問題。這也是必須要釐清並加以導正孩子的觀念誤區。

當孩子開始有了自己的零用錢後，他們多半開始認為這是他們的財產，而且要怎麼花是完全由自己決定的。但是，對於父母來說，仍要教導孩子慎用自己的錢，因為孩子的價值觀和理財觀念畢竟還不夠成熟，可能會做出不當的決定。因此，父母可以適時地引導孩子，讓他們理解如何妥善使用自己的儲蓄。該怎麼引導孩子呢？

我的建議是：父母一定要參與、理解孩子的開支情形。或許一些家長會反駁我，認為說：如果參與孩子的儲蓄怎麼花用，那不就干預孩子的自主性了嗎？孩子一定會認為父母在控制他，很可能反而引起爭吵。但是參與孩子的開支花用，目的不是要控制他們，而是要了解孩子的用錢想法和習慣。因為他們還小，一旦觀念做法不當，就可以適時的糾正。而且，更重要的是，如果不參與孩子的花用過程，很可能孩子會為了怕父母責罵，反而說謊、報假帳，理財教育就適得其反了。

因此，我建議父母可以與孩子談論一些實際生活中的例子，例如從「排擠」的角度分析利弊得失。像是告訴孩子，如果花了所有的錢買了一件昂貴的衣服，他們可能就沒有足夠的錢去買其他生活必需品。而更重要的是，父母可以告訴孩子如何分配自己的開銷，例如留一部分錢給長期的儲蓄目標，或者分配一部分錢用於買生活必需品，這樣孩子才能更全面地分配開支，從而能更妥適管理自己的開銷。

應有的觀念是，不是不給孩子財務使用的自主權，而是在他們價值觀、成熟度都有待成長的時候，父母必須陪伴與介入，這並不是干預，而是必要的參與。當然，父母也能隨著他們慢慢長大、性格更穩定之後，慢慢放手零用錢的自主使用額度。

水的教育觀念

金錢像水一樣，有其特定的流動性和變化性。就像水能夠源源不絕地流動，分流聚合，金錢也可以透過投資、理財等方式持續增值。但另一方面，水的流動也可能受到阻礙，成為死水，就如金錢也可能失去價值，變成沒有流動和增值的死金錢。此外，取得金錢和取水一樣，可能需要付出努力和汗水，也可能輕鬆就得到。孩子們需要學會如何善用金錢，將金錢變成活水，不斷地流動和增值，而不是變成死水。我就是從水的特質，教導小約翰理解金錢的特性，學會管理自己的財務，善加運用金錢。

除了情緒的失控、自行作主財務運用的觀念外，在孩子學習理財的過程中，還有三個「對比觀念」容易混淆，而這是理財三個最關鍵的「對比觀念」，一旦選錯了，或是理解錯了，理財成果就會大打折扣，甚至一蹶不振，全然失敗。

辛苦錢 VS 容易錢

第一個對比觀念是：錢的來歷不同，影響花錢的態度不同。

想想看，我們常不乏這樣的心理，人在用錢的時候，常常看的並不是金錢本身的價值，而是「回想」這筆錢的來源，進而在花錢的方式上考量勞力與時間的比重。

如果手上的這筆錢是血汗與淚水「得來不易」的結果，那麼花起錢來就會格外珍惜、慎重使用；但若是輕鬆而得，如股票的大幅上漲、或中了樂透，那花起這筆「意外之財」就大器隨意許多了。

但其實，一樣的數額，價值完全一樣。所以，不該以得來的難易，來決定用錢的心態，而是要以「有價值的花錢法」為目標；主要考慮的並不是錢的來歷到底是「辛苦錢」還是「容易錢」，而是該衡量「效果的好壞」。對當事人而言，重要的應該是該怎麼善用這些錢才是最好、最重要的。

作為一個注重財商教育的父親，深知教導孩子金錢觀念的重要性。因此，我決定從小開始教導兒子小約翰，區分什麼是「辛苦錢」，什麼是「容易錢」。不過，我並不認同一般人對於這兩種錢的花費態度。我的理念是，金錢的本質是一樣的，不管錢是怎麼賺來的、「來歷」如何，其實本質都是錢，都一樣要懂得如何合理分配。

「小約翰，這是多少錢？」有一天，我拿著張紙鈔問孩子。

「一百元啊。」

然後我故意把紙鈔用力搓揉。

「這是多少錢？」

「還是一百元呀！」小約翰答。

我再將紙鈔故意弄髒，然後再問：「那現在這張紙鈔還是一百元嗎？」

小約翰：「當然還是一百元呀！」

「是的，即使這張一百元的紙鈔被揉爛了、被弄髒了，它的價值仍然是一百元，可以拿來買東西。」

「好，讓我再跟你分享一個例子。假設你為了生日買了一件喜歡的禮物，花了用一個月才累積到一百元的零用錢。這個時候，你會發現這一百元對你來說很重要，因為是你辛苦累積來的。所以，當你去挑選禮物的時候，你會非常謹慎地選擇，因為你希望你的辛苦錢花得值得。對吧？」

「嗯。」孩子點點頭。

「相反地，假設是爺爺給了你一百元的獎勵，這時的錢對你來說可能就沒有那麼重要了，因為它是相對輕鬆獲得的。所以，當你花這一百元的時候，你可能會更加隨意，沒有那麼謹慎地選擇。」

「爸說得對，我很可能會這麼想！」小約翰也很誠實坦承。

「但是，爸要告訴你，不管你花的錢是辛苦賺來的還是輕鬆獲得的，都要對待它們一樣謹慎。因為每一分錢都是一樣的。」這才是我要教導他的重點。

「喔，所以呢？」小約翰問。

「所以，錢的價值並不在於它的外觀或狀態，更不在於這錢是如何獲得的，而在於它所代表的價值。多少錢就是多少錢。你需要慎重考慮每一個購買決定，不要因為錢獲得的難易不同而放鬆心態。這樣你才能更好地管理金錢，把你的錢用在最值得的地方。」我對孩子下的結論。

我是要告訴孩子，錢的價值來自於它的本質，而不在於它的外觀或來歷。這意味著，不論錢是新的還是舊的，是乾淨的還是髒的，都不會影響它的價值。所以，任何人都是如此，在管理自己的財務時，要專注於錢的本質價值，這樣才能更好地利用它來實現你的目標。

為什麼會有這段與小約翰的對話呢？那是因為，我發現，我固定給孩子的零用錢，他懂得用一些、存一些。可是當他考試成績優良，爺爺偷偷塞給他獎勵時，這種「意外之財」，我們還來不及阻止，他就痛快花掉了。我覺得這不是健康的心態，於是有了上段的對話。

做為父母，應該先教導孩子如何區分辛苦錢和容易錢。像我告訴小約翰，辛苦錢是指需要努力工作才能賺得的錢，例如打工、創業等；而容易錢是指容易得到的錢，例如生日禮物、彩金、紅包等。我也透過生活中的例子，讓小約翰更好地理解這個概念。例如，我會跟他分享我的工作經驗，告訴他我是如何透過辛苦工作賺到薪水的，也會舉例股票投資輕鬆獲得上漲的利得。錢的來源有時辛苦、有時輕鬆，但有些錢雖然容易得到，也同樣需要珍惜、慎重使用。

然而，區分辛苦錢和容易錢並不是教導金錢觀念的全部，最重要的目的是讓小約翰知道如何「明智地」花錢。我告訴他，不論錢的來源如何，花錢的態度都應該是相同的，需要考慮開支的效果和意義。例如，如果我們花了大筆的辛苦錢去旅行，那這筆開支或許就是有價值的，因為它能夠帶給我們難忘的回憶和經驗。反之，如果我們花了同樣多的錢去買一些沒有必要的東西，那這筆開支就是浪費的，即使這筆花費是來自不勞而獲的彩票獎金。

必須要灌輸孩子這樣的觀念，因為得來太容易的金錢，往往會是助長貪婪與不當慾望的溫床。因此，我建議所有的父母，在教導孩子金錢觀念的過程中，一定要明辨並釐清一些容易忽略的觀念與習性。

而接續以上的觀念，父母還應該進一步告訴孩子的觀念是：什麼是「**有價值與有意義的開支**」。

我是這麼告訴小約翰，要把每一筆開支都當成是一個小小的投資。這些開支的回報，可以是增加生活品質、學習新技能、創造人脈、提高健康等等。舉例來說，如果你投資一個新的運動器材，你可以提高健康、增強體魄，長遠來看，也可以減少醫療費用。或者你花費一些錢在學習新的技能或參加社交活動，這也可能會為你的職業發展帶來收益。

我也告訴小約翰，不要只看到開支帶來的瞬間滿足感，而是要考慮到長期的效益。例如，買一個比較貴的耐用品，可能一開始感覺開銷很大，但是耐用品的品質高，可以使用更長的時間，也減少了購買次數和浪費的資源。結論就是，要權衡之後，再出手購買。我還教小約翰，要懂得計算花費的機會成本，如果把錢花在某個地方，就代表著失去了在其他地方使用這筆錢的機會。

同時，為了讓他更加深刻地體會到這個概念。我也舉例說明：

假設每天花費十元買飲料，一年三百六十五天，飲料花用就是三千六百五十元。如果改為每天自己泡飲料，每杯只需要二元，那麼一年的飲料費用就只有七百三十元，省下了二千九百二十元。如果你把這筆錢投資到長期股票，每年獲得十%的報酬，那麼十年後，你的投資價值就會增加到了六千二百一十六元。

例子就是說，很多小錢都是不經意花掉的，但累積起來，加上若是投資有成，會是很可觀的收穫。相形之下，孩子就會珍惜花錢的地方了。我想提醒家長，一定要教育孩子，不論是辛苦錢還是容易錢，都要抱持一樣的使用心態。這樣做的原因是因為，如果孩子只看重錢的來源，而沒有抱持一樣的使用心態，就有可能導致在花錢的時候出現輕忽、不慎重的情況，而錯誤的心態若不「除蟲」，最終一定會影響到他們的理財成績。因此，作為家長，我們要特別強調這個觀念，讓孩子從小就明白，**使用錢的心態與目的，比錢的本身來歷更重要。**

呆錢 vs 活錢

金錢就像水，我們都希望遇見的是流動的活水，而不是一灘死水。同樣當我們談論理財時，必須要理解什麼是「活錢」、「呆錢」，以及「花錢」與「借錢」這些關於金錢的對比觀念。

活錢是指我們擁有的可以投資、維持生活、消費的可支配收入，比如說工資、利息收入、投資收益等等。相對地，呆錢就是不會產生任何收益的錢，如儲藏金庫裡的現金、僵化的投資等等。因此，孩子要學會如何把呆錢轉換成活錢，才能夠增加財富。

花錢就是消費，將錢花在有價值的事物上，如食物、住房、教育等等，而花錢可以是活錢也可以是呆錢的關鍵，取決於花錢是否產生未來的收益或滿足當前的需求。

另外，不可避免的金錢課題之一是借錢。這是一個需要特別謹慎的行為。很小的時候我的父親就告訴我：「**亂借錢，等於是偷竊未來的自己。**」這個觀念深刻地影響了我。但我也知道合理且有正當用途的借貸，是累積財富的重要手段之一。因為借錢可以讓我們擁有更多的資本去開創事業、投資等等，但需要確保我們有能力可以償還這些借貸，避免進一步的債務壓力。

孩子要學習理財觀念，首先需要了解這四個對比觀念的意義。**如果他們不了解，就很容易陷入保守、被動的理財模式，無法實現理財目標。**相反地，如果他們知道如何善用活錢、花錢、借錢，才能夠更有效地累積財富。

讓我以一個例子來說明。

我跟小約翰說，假使這裡有一千元，你不用的話，永遠只有一千元。但只要運用得當，則有可能增加到兩千元。一千元可以變成兩千元，你說好不好？」

「爸，這當然好。錢多了，可以買更多東西呀，真是太好了呢。」

「嗯，既然如此，為什麼還是很多人寧願守著『一千元』，不肯花它用它呢？為什麼不花錢的經營者會佔多數呢？」

「會嗎？這我就不知道了。但我可不會這麼笨！」他信心滿滿。

我告訴小約翰，那是因為多數人的理財觀念是保守的、被動的。可能是不懂投資方法，也可能因為恐懼投資失敗。總之，就是不懂得怎麼利用花錢去賺錢、將呆錢變成活錢利用。」

「那該怎麼做？」小約翰好奇地問。

「只是要理解，任何的投資都會有風險，但並不能因為這樣就不再投資，不再花錢。比如古董收藏家，在被騙買過幾次的贗品後，可能『上當學乖』，不再購買；卻也可以從此『上當學會』，練就慧眼，不再受騙，日後反而買到真品，坐收大幅增值的利得。」我要告訴孩子，要想追求財富成就，絕對不是只靠被動的儲蓄，而是要主動積極的理財。至於可能的虧損，只能小心，不能全免。就如同收藏家未能辨識清楚而買下贗品時，常掛在嘴上的一句話就是，「就當付了一筆學費，好好上一課。」同樣的，我寧可孩子先學會虧損、付出學習經驗的學費，才會對他的財商成長助益匪淺。只要這個虧損是**「虧損的快、虧損的早、虧損的便宜，而且不是以一蹶不振、害死自己的結果虧損」**，那這些「低成本」的虧損，反而只會帶給小約翰以後越大的理財成功。

是的，我們應該都同意：教育孩子理財的重點之一是要穩健理財。但這並不意味著應該忽略積極理財的部分。在某些情況下，敢於借錢、花錢也是實現財富增長的重要方式。

這四個關於錢的名詞，彼此影響，但成功有效的財務，一定是活用金錢，讓死錢變成活錢。所以，在財務觀念中，懂得「呆錢」和「活錢」的區別是非常重要的。

再深入地說，呆錢是指不產生收益或是產生微乎其微收益的金錢，例如存放在銀行的存款。相反地，活錢是能夠產生收益的金錢，例如投資基金、股票等。把呆錢變成活錢，是實現財富增長的重要手段，這當然需要一些理財技巧和風險意識。但是只教會孩子保守理財，並不能讓他達到財務自由的目的，而是也要教會他積極的一面，必須在許多時刻敢於投資與花錢。

積極理財是對自己負責任的表現，它可以提高個人的安全感和幸福感。唯有透過積極理財，資產才能更有機會得到增值。大家都琅琅上口的名言：「不要把所有的雞蛋放在同一個籃子裡。」這句話同樣是提醒任何投資都要懂得多元佈局、積極而為，而不是便宜行事，惰性思考地將所有投資投注一處。

記得，注重穩健理財和積極理財的平衡，了解呆錢和活錢的區別，並掌握理財技巧和風險意識，這才是平衡的財商教育，也是必須灌輸孩子的良好觀念。

固定成本 VS 變動成本

固定成本和變動成本，則是另一項我強烈認為必須教會孩子的理財概念。

孩子學習理財，需要明白一個簡單的道理：錢是有限的資源，必須善加利用，這就需要懂得如何控制和管理支出。

固定成本指的是不隨產量或使用量的增減而變動的成本，如房租、保險費、月費等。這些成本是固定的，無論你使用的產品或服務多少，費用都是一樣的。或者稱為固定費用。

所以孩子需要知道，這些支出是必要的、不可或缺的。例如，家裡需要每個月支付房租，這是必須的固定支出，無論家裡有多少人住，這個費用都是一樣的。

變動成本指的是隨產量或使用量的增減而變動的成本，如食物、衣物、交通費等。這些成本是不固定的，隨著消費量的增加或減少而有所變化。所以孩子需要知道，這些支出可以通過調整消費量來控制和管理。例如，如果孩子買了很多零食，那麼這個月的食品支出就會增加，如果減少購買零食，那麼食品支出就會減少。

孩子理解固定成本和變動成本的好處在於，能夠更好地控制和管理支出。如果孩子不知道固定成本和變動成本的區別，很可能會出現財務風險或損失。例如，如果孩子不知道房租是固定支出，那麼可能會錯誤地認為，可以把這部分錢用來買更多的衣服或玩具，進而導致財務困境。

因此，家長應該在孩子的成長過程中，透過生活化的例子，幫助孩子理解固定成本和變動成本的區別，以及如何合理分配和管理支出。這將有助於孩子建立良好的理財觀念，以及在未來成年後更好地掌控自己的財務。

我和小約翰舉了個例子：

假設小約翰想在社區開設一個賣霜淇淋的小攤，需要支付攤位租金和霜淇淋的成本。每個月的攤位租金是一千元，無論賣出多少霜淇淋，這個費用都會存在。這就是固定成本。而每做一杯霜淇淋的成本是五元，如果賣出了一百杯霜淇淋，那麼你的成本就是五百元。製作的杯數不同，這就是變動成本。所以，如果只賣出一杯霜淇淋，那麼總成本就是一千零五元，而如果賣出一百杯霜淇淋，總成本就是一千五百元。

讓我們再加入一些具體的數字來更好地理解這個例子。假設每一杯霜淇淋售價是十元，如果賣出一百杯霜淇淋，那麼總收入是一千元，總成本是一千元加五百元，等於一千五百元，淨利潤是負五百元。如果賣出二百杯霜淇淋，那麼總收入是二千元，總成本是一千元加一千元，等於二千元，淨利潤是零元。

通過這個例子，我們可以很清楚地看到，固定成本和變動成本對於一個事業的利潤和經營是非常重要的影響因素。固定成本是必須支付的，無論企業賣出多少產品，而變動成本是根據銷售量而變化的。對於一個事業，當銷售量較低時，利潤可能很低，甚至出現虧損的情況。而當銷售量較高時，利潤可能會增加。因此，事業需要瞭解和控制自己的固定成本和變動成本，以便最大化利潤並保持持續的經營。我告訴孩子，如果把自己當成一家事業，道理也是一樣。從固定成本和變動成本，就可以掌握自己的財務應用狀況。

如果當孩子誤解固定成本和變動成本的概念時，可能會產生以下的財務風險或損失：當無法理解固定成本和變動成本的區別，可能會過度關注固定成本，而忽略變動成本，導致無法有效地控制開支，進而出現財務困境。

而如果孩子將變動成本當作固定成本來看待，可能會高估開始經營的費用，導致錯失商機，或錯誤的投資決策，浪費金錢和時間。

可以這麼告訴孩子，「固定成本就像他每個月花在學費上的錢，這是一筆固定的開支，不管他學什麼、學多久，這筆錢都必須支付。而變動成本就像他在買文具時花的錢，如果他需要更多的筆、紙或書本，就需要支付更多的錢。如果想要省錢，他可以減少買文具的數量或改用更便宜的文具，但學費卻不能隨便減少。」

這說明了固定成本是一個恆常的負擔，而變動成本則視狀況而變動。從理解固定成本和變動成本的概念，可以幫助孩子更好地掌握財務管理知識，並在財務管理中要平衡和控制這些成本，避免不必要的財務風險。

歸根結柢，**兒童理財教育的重點，不應僅僅是教育掙得財富的技巧，**

而是應該教導孩子如何管理和運用金錢。如果兒童只知道如何儲蓄錢，卻不知如何活用錢、借用錢，那麼他們的財務狀況可能會陷入被動的困境。同時，這也提醒父母和老師在兒童理財教育中應該更加注重教導孩子如何學會動腦、善用方法，從而建立積極有為的財務觀念和習慣。只有在這樣的基礎上，才能讓孩子的財務操作更靈活，懂得將呆錢盤活，是為未來奠定穩固基礎，在成長過程中得以茁壯成長的關鍵能力。

第五章

小鬼當家

參與家庭預算

有個觀念一定要分享給為人父母的，那就是請讓孩子參與家庭預算的擬定。這就像是學開車，只有實際操作，才能真正體會到如何掌握方向盤，何時該踩下油門或剎車，避免車禍。同樣的，透過參與家庭預算的擬定，就像是在學習如何編織一張「金錢安全網」，孩子從中實際體驗到金錢的價值與管理技巧，父母也可提早觀察出他們的想法與習慣，若發現偏差，可早作導正，並且也有益孩子自行學習如何掌握自己的財務方向，避免日後的金錢困境。

小時候，我的父親也告訴過我：「**預算計畫就像是旅行中的地圖，能夠幫助你在未來找到方向，以確保你的財務旅程是平穩和成功的。**」我父親說得很有道理。讓孩子實際參與家庭預算的擬定，就像是「將一個蒙在鼓裡的人帶到舞台上，讓他看到觀眾的反應，並了解到自己的表現究竟好不好。同樣地，孩子參與家庭預算後，能夠更清楚地看到自己和家庭的金錢狀況，並學習如何做出適當的決策。」

想想看，讓孩子參與家庭預算的擬定，就像是給他們一把尺，讓他們了解自己和家庭的經濟情況，並且學習如何控制支出，讓自己的生活更加精打細算。如果孩子從小就學會如何管理金錢，那麼他們長大後也會更加懂得如何掌握自己的財務，避免揮霍浪費，做出更加理性和明智的金錢決策。

尤其是，讓孩子參與家庭預算的擬定，是給他們培養自信的機會。當孩子參與家庭預算的制定和實施時，可以感受到自己的貢獻和價值，增加自己的自信心和獨立性。

所以，我更進一步教育孩子金錢觀念的做法是，不僅讓孩子學習建立屬於自己的預算，更讓其參與家庭預算，了解到家庭的收入和支出狀況。過程中，協助他們學習如何在預算內控制花費，並且親子一起討論如何優化家庭開支。透過這個過程，孩子的理財學習可以更快、也更能了解家裡的用錢節度。我的做法就是每當要去商場，就可事前利用機會教育，教導孩子如何參與家庭預算和理財。

又或者是以一個月為單位，讓孩子有時間可以好好規劃下個月的預算。像我會先告訴小約翰這個月的家庭預算，讓孩子知道有多少資金可以用來買東西，好做為下個月交棒給他規劃時的參考。他不能完全照抄，因為每個月的開銷項目是不同的。而最重要的提醒是，要孩子區分「家裡需要的物品消費」，以及少許屬於他的「個人消費」。他必須優先安排家裡的需求，再考量自己的消費。尤其預算項目是相互排擠的，絕不能因為買了一項，而不能買另一項必需品。

擬訂計畫預算，等於是讓孩子參與購物過程中的決策。例如，我會問孩子需要買什麼，然後考考孩子查詢每件物品的價格，然後會盡量地解釋價格不同的原因，例如品牌、質量和特殊功能等。

但孩子畢竟還不能控制欲望，尤其小約翰會想在預算中編列玩具費用，例如一些昂貴的大型公仔。這是每位教導兒童理財的父母都會遇到的狀況。這時，你應該要問孩子一些問題，例如「我們真的需要這個嗎？」、「這個價格值得嗎？」、「這個物品的品質好嗎？」、「你買了這麼貴的玩具，有意義嗎？更好玩嗎？尤其是，這樣媽咪就不夠錢買你最愛的優格，當作全家的餐後甜點了喔！這會影響預算喔！」

透過這些問題，讓孩子思考是否需要這個物品，以及如何衡量物品的價值。與孩子溝通、討論、機會教育，都可以讓他學會更多層面的知識，比如品質的認識、比價的必要、產品之間的差異。尤其重要的是，購物是「需要」或只是「想要」？這樣才能慢慢形塑孩子如何透過參與擬定家庭預算，學習更正確的金觀使用觀念。「需要」和「想要」，無疑是要做好兒童金錢教育必須攻克的心理難關，因為連父母自己都很難做到這兩者的區別。

這樣告訴孩子：

一杯馬丁尼就可以了，兩杯就太多，三杯則不夠了。

——美國作家、漫畫家詹姆斯・瑟伯（James Thurber）

為什麼喝一杯就好？兩杯既然太多了，那三杯怎麼會不夠呢？原來幽默的瑟伯是說，喝多了就會上癮，三杯就感到不夠了。這就是慾望、「想要」，而不是「需要」。

我和孩子說：一個人有兩個選擇，要嘛變得更方便，要嘛買更多的垃圾。這就是「需要」與「想要」的不同。

我就曾經犯下這樣的錯誤，讓我對此更加深有體會。那是一次我擔任社區理財課程的講師，帶領一群社區孩子到超市逛街，希望他們能夠實際學習如何選擇和管理自己的購物開銷。當時我建議孩子們，如果遇到自己喜歡的產品，可以先把產品名稱和價格記下來，然後再評估是否需要買下它。

但是，我自己卻在超市中犯下了一個很大的錯誤。當我看到一個非常喜歡的產品時，我沒有記下產品名稱和價格，就直接把它放進了我的購物車。當我到了結帳處時，才發現這個產品的價格比我原本預計要花費的多出了好幾倍。

這個錯誤讓我對孩子們的教育更加謹慎。我意識到，每個人都有難以察覺或克制的衝動慾望。爾後，我特別教育孩子們不要像我一樣做出衝動的決定，而是應該先記錄下產品名稱和價格，思考清楚，再做出明智的決定。

經過與孩子的理性溝通，不僅親子關係更密切，也能理解孩子的價值觀、花錢習慣以及消費傾向。若有觀念偏差時，正好及早趁年幼時引導正確認知，才不致長大後更難糾正。建立以「需要」而不是「想要」為依據的準則，預算才能計畫妥適，也更讓孩子自小養成正確的金錢觀。

一定要強調的是，孩子的財務教育除了裨益孩子建立起良好的理財習慣和技能，最重要的是，請記得要與孩子溝通，鼓勵他們提出問題和疑慮，並且給予他們積極的回饋和支持，這才是孩子參與家庭預算的正面意義。而為了擬出最佳的家庭預算，就得用上「**比價**」的能力，過程中，無論透過網路上的比價，或是實際走訪店家的比價，都有利於親子間的良性互動。尤其實際帶領他們參與逐一消化預算的過程，他們會在了解到家庭的收入和支出狀況後，進而與父母更具同理心，知道什麼該花、什麼不該花，如此就能全面建立孩子更健全的消費觀念。

比價：做菜的比例

因此，讓孩子參與家庭預算的擬定後，接續的事項就是，一定要教育孩子如何比價。

在擬定財務預算時，比價是非常重要的核心能力。因為透過比價，可以找到最划算的產品或服務，並且可以將成本降至最低。這絕對有助於擬定出更好的財務方案，達到成本控制和資源最大化的目標。

比方說，你可以想像，**比價就像是做菜時掌握比例**一樣。在烹調時，你需要知道每種食材的比例，才能製作出美味的菜餚。同樣地，在擬定財務預算時，你需要知道每項開支的成本，才能計畫出最佳的財務方案。如果沒有掌握好成本的比例，就很容易浪費預算或是影響家庭的開支。

比價是擬定財務預算最重要的能力之一，因為它有助降低成本、掌握開支比例，並且找到最划算的產品或服務，裨益擬定出更好的預算方案，達到成本控制和資源最大化的目標。所以，這是我一定要教育小約翰的觀念。

例如，當孩子需要一件衣服時，我和妻子會刻意帶孩子走到不同的店、不同的專櫃，看看是否有相似的衣服，並比較價格和品質。這樣做不僅可以教孩子比較物品，也可以讓孩子理解物品的價值和不同品牌之間的差異。透過一次次的購物過程，耐心的提醒，就可讓孩子理解每一項開支的重要性，並開始學習如何在預算範圍內做出明智的決定。

有一次我帶著小約翰在超市購物時，目的是教小約翰理解比價的好處。在食品區，我指出了兩款不同牌子的牛奶。普通牛奶的價格是二點九九美金，而熟成牛奶的價格是三點九九美金。我告訴小約翰，價格不同是因為品質和口感不同，因此需要比較價格來找到最好的選擇。

在家庭用品區，我也讓小約翰比較不同品牌的洗衣精。其中一款洗衣精的價格是九點九九美金，而另一款品牌的洗衣精價格是六點九九美金。

然而，我指出，價格不一定是唯一的決定因素，因為成分和效果也不完全相同。**比價的目的是找到最適合的產品，而不是最便宜的產品**。

當我們完成購物時，我讓小約翰計算所有購買的商品的總價。我們一共買了牛奶、洗衣精和其他雜貨，總共花了三十二點五七美金。我使用一個比價ＡＰＰ，讓小約翰看到這些商品在其他超市的價格是多少。小約翰發現，其他超市的價格可能比這個超市更便宜或更貴。這樣，小約翰能夠了解到比價的重要性，以及如何在不同的商店找到最優惠的價格。

這個比價的情境，讓小約翰從實際的生活中學到了以下幾點財商觀念：

一、價格並不一定決定商品的質量，需要比較價格和產品質量，才能找到最好的產品。

二、品牌和生產商可以影響價格，但是成分和效果更重要，因此需要了解不同產品的特點。

三、比價可以讓人在不同的商店找到最優惠的價格，這樣可以節省金錢並且購買到最好的商品。

比價，是理財教育很關鍵的一種方法。尤其是在購物經驗中，我一定會趁機說明比價的好處之一，就是發現最佳「性價比」（good value for the money）的產品。我是這麼跟小約翰說的。

「什麼是『性價比』？」當我丟出這個名詞時，他好奇地問我。

「性價比，就是指購買商品時，價格與質量之間的平衡關係。有時候，更貴的產品可能會提供更好的質量，但它們的價格也更高，因此需要在價格和質量之間找到一個平衡點，以獲得最佳的性價比。」

「嗯嗯，有點聽不懂。」他搔了搔腦袋。

「不難懂的，小約翰。爸爸這麼解釋吧，如果你要買一個玩具，你可以選擇一個很便宜的玩具，但可能很快就會壞掉。或者你可以選擇一個更貴的玩具，但是它可能更耐用和更有趣。性價比是在這兩種選擇之間做出明智的選擇。」

「喔，好像有點懂了。」他若有所思狀。

我緊接著說：「小約翰，為了找到最佳的性價比，需要做功課，比較不同品牌和不同產品的價格和質量。所以呢，在未來的購物過程中，你要學習如何找到最佳的性價比，並且不要只關注價格，而是尋找質量與價格的平衡點。」

從比價觀念切入孩童的財商教育真是太重要了，因為可以讓孩子學到更深入的觀念，即價格和質量之間的平衡關係，並且了解到如何找到最佳的性價比。孩子從此就知道在日常生活中必須更加明智地做出購物決策，並且更好地管理自己的財務。

懂得比價後，小約翰後來就會應用在生活中。有一年暑假，我和妻子要帶他去美國東部玩耍。正在考慮怎麼訂旅館時，小約翰問我打算住哪裡？我說可能是假日酒店（Holiday Inn），假日酒店的環境和服務都有很好的口碑，所以成了我的選項。小約翰問：「有其他旅館嗎？」我說有啊。當時我也考慮戴斯酒店（Days Inn）。這也是一家很不錯的平價旅館。小約翰問：「那價格呢？」我分別告訴孩子假日酒店和戴斯酒店一晚的費用。小約翰問：「價格怎麼有段差距呢？」我說：「都是很不錯的旅館，定位與市場訴求不一樣，所以價格不同。」孩子說：「那既然要比價，就訂便宜的吧！」我藉機會和孩子說：「不是只看價格，而是要看整體的感覺，並且衡量自己的荷包與需要，這才是性價比的意義。」

之後到底住哪裡，不重要了。重要的是，孩子懂得透過比價省荷包，這可是理財很關鍵的一步。

參與家庭預算的編列，是讓孩子不僅只是關心自己零用錢的個人格局，而是促其提升至家庭格局，了解家庭的開支狀況，增進對父母持家辛苦的理解，也有助親子關係的融合。但這還不夠，編列預算只是紙上作業，而理財教育不能只是紙上談兵，而是應該讓孩子有真正實踐的機會，我和妻子就設計了以「**角色扮演**」的方式，委以小約翰主導的任務，一方面印證財務教育的內容，再者也觀察其擔任主導者的能力。

經典電影《小鬼當家》（Home Alone），劇情描述一年一度的聖誕節又到了。全家人忙著外出歡度聖誕假期，不料忙中出錯，將家裡最小的成員八歲的凱文（麥考利．卡金飾演）留在了家裡。爸爸媽媽急壞了，而且他們想嘗試回家時卻因為風暴而滯留在外。但是獨自在家自由自在的凱文可開心了，難得一個人在家，還將家裡布置成了「遊樂場」。但此時，兩個剛出獄的竊賊卻將目光瞄向了凱文家。他們偷偷摸摸的踏入凱文家時，凱文發現自己得獨自面對兩名入室盜賊，以保護自己的家。他開始用自己的智慧和想像力來對抗這對盜賊。雖然危機重重，但也是考驗凱文的時刻。

我帶著小約翰看過這部妙趣橫生的賣座電影。我也以類似的劇情精神，讓孩子當家，考驗孩子的能力。不同的是，我們父母還是在他身旁，必要時會幫助他。

為了讓孩子學習獨當一面，我刻意地安排了三個角色，既驗收平日的教育成果，也讓孩子學習不同的財商課題。

首先，我讓孩子擔任一日家長，學習管理家務、照顧家人和預算開支。這讓孩子學會了理財和責任感。接著，我讓孩子擔任小小經理人，負責規劃家宴，讓孩子學會了預算和計劃的重要性，以及如何與人合作達成目標。最後，我讓孩子擔任小小領隊，帶著家人出國旅遊，學習如何安排旅程、掌握預算和解決問題。透過循序漸進地安排這三個角色，孩子可以逐漸學習管理事務、理財觀念和問題解決能力，進而成為一個負責任和懂得掌握預算的人。而他的表現令我們非常滿意。

一日家長

為了提供孩子更全面的理財教育，我設計了一個「一日家長」的活動，讓孩子扮演家長的角色，通過實際的操作來印證他所學習的理財知識。

在這個活動中，孩子需要根據預算進行家庭採購，並尋找工人維修家中損壞的設施。下面，我將詳細描述這個活動的過程和孩子所學到的經驗與知識。

首先，我們按照先前和孩子共同制定的家庭預算，包括生活必需品和其他開支，例如家庭電費、水費和網路費用等，列成一張表格。讓孩子瞭解這次活動是由他當家作主，他的任務是依照預算表格的要求進行採購，同時要確保不超過預算。

一切就緒，我和妻子便帶著孩子去超市，讓他扮演一日家長的角色，讓他有機會實際操作預算控管和理財知識。

首先，在出發前，小約翰先支付了當期該繳的電費、水費和網路費用，讓他實際了解支付的過程。接著帶著剩餘的預算，進行採購。

第一個採購的項目是家庭日用品，包括紙巾、洗衣精、牙膏等。孩子依照預算表格的要求，精心挑選並比較了不同品牌和超市的價格，並最終決定在超市購買，獲得了一定的折扣。在採購過程中，他學會了理性消費和如何運用價格優惠、紅利點數以減少開支。

接下來是食品採購。孩子通過查看各大超市的特價商品，找到了折扣優惠的牛奶和蔬菜。他還花了一些時間查看每家超市的報價，以確保我們能夠買到最優惠的價格。他已經懂得採購食品時，除了價格外，品質也很重要，因此選擇了值得信賴的超市。聰明的小約翰，為了省成本，竟還懂得會如何通過尋找「**即期品**」等方式來節省開支。在超市裡，他會發現有一個專櫃，上面許多食品和其他商品被標記為「即期品」。這類即期品，商家會以打折的方式販售。小約翰就在這一專櫃中找到類似的預定採購商品，便決定買下，以降低開支。

採買完畢，結帳時，小約翰很高興地告訴我們，執行順利，完全沒有超出預算。我們也很高興他的表現。

那天穿梭在幾個不同地點購買，回到家中，有些疲累，但卻無法休息。因為不巧的是，遇到個突發狀況，他發現家中的熱水器故障了，得立即找工人修理。這正好可以作為他應付臨時狀況的挑戰。身為家長，本來就會遇到一些意外、又須立刻解決的狀況。小約翰立刻上網查詢相關的維修公司，打電話詢問了維修費用和工作時間等問題，最終找到了一家價格合理且口碑不錯的維修公司。他也學到了如何在找到品質優良和價格合理的維修公司之間做出最佳選擇，還學會與維修人員談判，並詢問是否有折扣或其他節省開支的方式。最終，修繕問題也以相當實惠價格獲得解決。

我深信，這樣的活動對於孩子的財務素養和生活技能的發展非常有幫助。透過這樣的實際體驗，孩子能夠更加理解金錢管理的重要性，也能夠更好地掌握購物技巧和經濟原則。作為父母，我建議可以經常進行這樣的活動，以提高孩子的財務素養和培養解決問題的能力。而我對孩子的角色扮演訓練計畫，接下來還要進行升級版，就是從自家的活動提升到鄰居之間宴客的更大活動。那就是「小小經理人的家宴計畫」。

小小經理人

第二個小約翰要扮演的角色，是小小經理人。

讓孩子當一家之主，扮演一日家長之後，為進一步提升他的能力，我的想法是：從自家人的活動升級到有外人參與的活動。於是，我決定舉辦一個家庭晚宴，讓孩子負責規劃菜單、購物清單和預算，讓孩子體驗到負責一個活動所需的各種技能和財務運用的過程。這可相當於一個專案經理人的工作，難度可比自家人吃飯難得多了。但為了考驗孩子，讓他的能力升級，我決定試一試。

首先，我們需要確定宴會的客人數量，這樣才能預估需要多少食材和材料。因此，我們先列出可能的客人名單，包括我們的親戚、朋友、鄰居以及小約翰的好同學。我們共計邀請二十人，小約翰針對名單一一邀請，並且陸續得到了他們的確認。

接下來，小約翰了解到必須確定客人喜歡吃什麼，以便規劃菜單。我讓小約翰負責與客人聯繫時，詢問他們的飲食喜好和限制。他發現，一些客人是素食主義者，有些客人對海鮮過敏，還有一些客人對辣的食物不感興趣。小約翰詳細記錄下所有這些訊息，將這些喜好分組，然後開始設計菜單，並估算需要購買的食材量，以便後續的菜單規劃。

在確認了客人數量和飲食需求後，小約翰發現一個問題：他不確定要花多少錢購買所需的材料。他詢問我，我告訴他應該先制定一個預算，然後根據預算進行購物。

預算必須包括食材、飲料、餐桌擺飾、甚至添購餐具等所有費用。我讓小約翰自己先擬定預算，給他留下自主規劃和解決問題的機會。最終討論決定設定一個五百元的預算。

他開始列出需要購買的物品清單，並且為每個單項物品設定了預算。

當他完成清單時，我們發現他的預算超出了五百美元。我鼓勵他再次檢查清單，並且找到一些可以節省的地方，例如選擇便宜的餐具或是減少一些不必要的擺飾。在菜單設計和購物清單上花費了整整兩天之後，小約翰終於完成了他的事前任務，並開始準備家宴。

然而，當小約翰前往超市採購時，他發現物價剛上漲，原本打算買的一些材料已經超出了預算。他需要快速做出決策。聰明的他決定用較便宜的替代品來代替昂貴的材料，並嘗試選擇更經濟實惠的選項。

食材的採購與準備就緒後，他開始進一步思考如何分配準備烹飪或準備上桌食物的工作。當然，孩子還小不會烹飪，主菜還是由妻子負責，例如一些需要烤、煮、炸等較為複雜的菜餚，我的廚藝還行，也負責協助妻子。

小約翰並未將準備上菜的工作全部丟給妻子。他自己想到了一些簡單易做的菜餚，例如餐前麵包、涼拌菜、水果沙拉和優酪乳等。他花了一些時間研究食譜，學習如何準備這些ＤＩＹ菜餚。在媽媽的協助下，小約翰掌握了一些基本的廚藝技巧，例如切菜、煮飯和調味等。

令我意想不到的是，小約翰還想到了一些節省成本的辦法。例如他請參加家宴的部分賓客攜帶一道自己喜歡的食物和飲料。這樣不僅可以節省成本，還可以彼此分享並豐富宴會的菜餚。

果然，在家宴當天，小約翰熟練地完成了菜單上的十五道菜，並且擺設得井井有條。有些菜餚是由媽媽準備的，例如烤牛排和義大利蔬食麵等。其他菜餚則是由小約翰自己準備的，例如水果沙拉、優酪乳、麵包和甜點等。

小約翰還在桌上擺放了一些自己製作的小點心，例如水果串和餅乾等。他也負責調配果汁和茶水，確保每位賓客都有足夠的飲料。

當所有的菜餚都上桌了，小約翰招呼大家入座，每一道菜餚都讓人食指大動，讚不絕口。小約翰看到大家開心地品嘗著食物，感到十分滿足。

晚宴過程中，每個客人都稱許小約翰的表現，他們不相信一個年輕的孩子可以做出如此出色的工作。

晚宴結束後，我們與小約翰進行了討論。他承認，在整個過程中，他感到有點不確定，但在我和妻子的指導下，他學到了許多關於財務管理和規劃的重要知識。他學會了如何在有限的預算下做出明智的決策，如何處理突發情況，以及如何在組織活動時與他人合作。令我高興的是，小約翰將帳單拿出來給我和妻子看。我們開心地看到，這次的晚宴不僅成功了，還比原先的預算的金額少了一些。

對於小約翰來說，這次規劃家庭晚宴的任務是一個非常有價值的經驗。他從中學到了如何有效地進行預算規劃、購物清單的編寫、人力資源的分配，以及溝通和家人團隊協作的重要性。此外，他還學到了如何應對突發狀況，解決問題和控制風險。所有這些技能和知識，我深信都將對他未來的人生發展產生積極的影響。

一次活動的實踐，可以為孩子提供實做的經驗，過程中，激發規劃任務以及解決問題的能力，對理財教育的提升非常有益。

你還可以進一步這樣訓練小孩：

◎鼓勵孩子自主統籌，開設一個微型企業：鼓勵孩子開設一個微型企業，例如手工藝品、二手買賣、小型服務等。讓孩子獨立思考、計畫和執行一個小型企業，同時也讓孩子學習如何管理財務和營利。

◎鼓勵孩子自主統籌，舉辦社區活動：讓孩子參與舉辦社區活動，例如聚餐、運動會等，讓他們學會如何策劃活動、籌措資金、協調人員和時間安排，提升他們的經辦與統籌能力。

小小領隊

小約翰八歲時，我和妻子擬定了一個計劃，讓他扮演「小小領隊」或「小小導遊」，由他來規劃一次出外的旅行，藉此讓他從之前的家庭、社區鄰居的活動，更進一步延伸到海外。這又是另一次升級的考驗。

在這個計劃中，小約翰需要規劃一次旅行，包括機票、旅館、交通、景點等，當然還要考慮到預算。他需要在網路上比價，了解不同旅行方案的價格和內容，並且決定如何規劃這次旅行。

但在規劃旅程時，小約翰就發現預定的預算無法負擔所有的景點和活動，而且他還清楚知道需要考慮到全家人的舒適和安全。

這個問題讓小約翰學習到了財商教育中的「優先順序」和「權衡取捨」觀念。他很聰明地先將所有的景點和活動列出來，再分成「必去」和

「可選」兩類，並針對每個項目評估其重要性和成本。他還懂得請求我們提出建議和意見，讓全家都參與其中，並為最終決策提供貢獻與達成共識。

同時，小約翰還從過程中學到「預算管控」的觀念。我們先設定了一個固定的預算上限，並在所有支出上進行監督和控制。如果有超支的情況，他可以評估是否可以從其他支出中補足，或者尋找節省的方法。

透過這個過程，小約翰學習到如何有效地管理和利用資源，以及如何做出最佳的選擇，同時還學習到了預算管控、優先順序和權衡取捨等重要的財商觀念。這些都是我們原先並沒預期的驚喜表現。

只要能順利掌握預算的大前提，就可以進一步規劃後續事宜了。首先，小約翰需要決定目的地。經過諸多比較，他選擇了前往東京，因為他聽說東京是一個充滿活力和文化的城市。

接著，我問小約翰，他要選擇哪一家航空公司搭乘。他拿出了筆記本，上面記錄著從幾家航空公司的網站所比較的機票價格、航班起飛時間、航行長短、轉機時間、行李限制等因素，甚至是瀏覽不同網站上的客戶留言與評論。小約翰在航空公司的選擇上確實做了非常詳細的比價，最後選擇了一家價格合理、航班時間適中、甚至服務好、股票績優的航空公司。他告訴我，這家航空公司的價格比其他選項中的公司更為優惠，航班時間也較短，且轉機時間不用太長，非常划算。他還提出了要在機場裡面吃午餐，因為在機場外面吃飯的價格比較高。這讓我對他的統籌能力、財務意識非常欣慰。我向小約翰表示讚賞，他做得非常好。

接下來，小約翰為我展示了他對旅遊目的地的認識。他告訴我，這次旅行的目的地是日本東京，這座城市有豐富的歷史和文化，還有一些知名的景點適合全家人去旅遊。小約翰又向我展示了一些景點的照片和介紹，並且決定要去哪些景點參觀。他在網路上查找了一些知名景點，包括迪士尼樂園、上野公園、晴空塔等等。可見，小約翰為了這趟旅行，也為了扮演好向家人介紹景點的導遊工作，所以努力閱讀城市的資料與歷史，建立了非常全面的認識。

然後，小約翰需要預訂旅館。他從網路上搜索了不少標的，查看了不同旅館的價格、地理位置、房型、評分等等，最終選擇了一家位於新宿的旅館。當我問他為什麼選擇這家旅館時，他告訴我這家旅館的價格比其他同級旅館便宜，地理位置也很好，離旅遊景點很近，而且他看了不少評論，發現評價不錯，服務受到不錯的肯定。他便在網路上預訂了這家旅館。

在這次旅遊中，小約翰非常認真的學習比價和挑選旅遊資訊，他還學會了怎麼使用信用卡，比如在支付機票和旅館費用時，他知道要選擇能夠積分的信用卡，這樣就可以獲得返還現金或積分，以後可以用來換取禮物或旅遊禮券。另外，小約翰也學習了如何控制開支，他知道要把錢花在必要的地方，比如機票、住宿、交通等，並且在餐飲和娛樂方面節省開支。

然後，小約翰需要考慮交通安排。他選擇了搭乘地鐵，因為這是東京最方便和最經濟實惠的交通方式。並且購買了東京地鐵的七十二小時通票。

這趟旅程的安排非常完善，小約翰展示了他對旅行預算的管理能力，不僅比價工作做得好，對旅遊目的地也有非常全面的了解。他也能精確地掌握預算，做到了不浪費一分錢。尤其，貼心的小約翰很認真地規劃每一天的行程，他考慮了時間和交通的安排，並且把每個景點的網址和地圖都列出來，方便我們查看，並且列出了每天的活動安排，包括參觀景點、品嘗當地美食。讓我和妻子既開心又驕傲。

結束愉快的旅程返家後，他攤開筆記本很開心地告訴我，他在規劃行程時，就已經計算了所有費用，包括機票、住宿、交通、門票、餐飲等等，並且做了一份預算表，清楚地列出了每一項費用和預算金額。過程中，也確實都按照計畫一一落實。我和妻子都驚訝他的規劃能力，但也非常高興，因為從「小小領隊」的任務委派，又看到了孩子財務能力的明顯提升。

你還可以進一步這樣訓練小孩：

◎戶外探險：讓孩子計劃一個家庭或學校的戶外探險活動，如露營、遠足、攀岩等。他們需要規劃行程、預訂住宿和交通、確定適當的裝備和安全措施等。

◎夏令營活動：透過學校的安排，與不同地區的學校舉辦夏令營之類的交流活動，建議學校讓孩子負責籌畫。孩子需要計劃夏令營的預算，並將其分配到不同的費用項目中，如食宿、交通、活動和互贈的禮品等，同時也能拓展其交流能力。

是的，我始終分享一個重要觀念，不懂放手的父母，孩子永遠長不大。只要勇敢提供孩子「角色扮演」的實境秀機會，不僅可以驗收平日理財教育成果，而且往往他們的表現會超越父母的想像，並能收穫滿滿的成就感！

第六章

認識銀行

從認識數字、學習預算製作、到模擬讓孩子當家作主、負責採購，這過程都是內部環境的訓練。而孩子總會長大，總要接觸外在的環境，尤其人的一輩子都不免要和銀行打交道，所以我設定教導孩子的中期實務課程，就是認識銀行。

最佳的金融教室

認識銀行是理財教育的重要一環，原因在於，銀行是人們生活中不可或缺的金融機構，從存儲貨幣到提供貸款和投資產品，銀行在我們的生活中扮演著非常重要的角色。了解銀行的作用和功能，孩子們可以更好地理解和利用銀行來實現自己的財務目標。

再者，通過認識銀行，可以了解到諸多重要的財務概念，這些概念對於孩子們理解財務市場和經濟現象非常重要，有助於他們更好地了解自己的財務狀況和財務目標。因此，**銀行，就是最佳的金融教室**，可以聆聽並學習到許多的金融與財務知識。

小約翰很小的時候，我就到銀行開設了屬於他的帳戶。儘管孩子尚未成年，但父母可以替其開設「保管帳戶」（Custodial Account）。

保管帳戶是一種金融帳戶，可以在未成年人的名下開設。通常由父母或監護人作為管理人，以幫助孩子學習管理財務。這種帳戶通常由銀行、證券公司或其他金融機構提供，其中最常見的是由銀行提供的學生儲蓄帳戶。開設保管帳戶的父母或監護人通常會管理該帳戶，直到孩子達到法定年齡，帳戶中的資產就會移交給未成年人。在此之前，孩子可以使用這些資金進行投資、儲蓄或消費，但需要父母或監護人的許可。

為什麼孩子還年幼，就要開設銀行帳戶呢？

第一個原因是，保管帳戶可以確保有足夠的資金滿足孩子在成長期的需要。在這個年齡段，孩子們可能需要購買生活必須品、電子學習設備或是各種學費等。保管帳戶提供一個為孩子儲蓄資金的方法，從而確保孩子能夠滿足相關的需求。同時，父母或監護人可以監管支出，以確保孩子不會浪費資金。

第二個原因是，保管帳戶可以為孩子創造一個未來的財政基礎，使他們能夠在日後追求更多的事業和人生目標。這些目標可以是高等教育的學費、或日後創業等等。簡言之，保管帳戶可以為孩子提供一個開始儲蓄和投資的途徑，從而學習財務管理的技能，裨益他們在成年後更好地從容應對各種挑戰和機遇。

然而，姑且不論開設何種帳戶，只要先開立銀行帳戶，就是建立孩子長期信用的一個好開始。就像一個小種子在土壤中生根發芽，開立銀行帳戶可以為孩子的未來金融生涯奠定良好的基礎。通過陸續的儲蓄，孩子可以在年幼時開始建立良好的信用，這將有助於他們在未來獲得更好的財務支持。此外，這也有助於培養孩子儲蓄的好習慣，讓他們學會如何理智地管理自己的財務。

其次，孩子開立銀行帳戶有助於他們了解利息，尤其是複利的概念。複利是一個強大的累積財富工具，它可以讓錢在一定的時間內較快增長。

通過開立銀行帳戶，孩子可以學習如何利用複利來增加他們的財富。例如，當他們在銀行存入一筆錢，銀行會為他們提供一定的利息。如果孩子長期保持這筆存款，他們可以通過複利的作用，看到這筆錢不斷增加。這不僅可以幫助孩子了解複利的概念，還可以鼓勵他們開始儲蓄。

除了以上的優點，開立銀行帳戶還可以幫助孩子熟悉財務操作。許多銀行都提供兒童專屬的銀行帳戶，這些帳戶通常設計簡單易懂，有助於孩子理解銀行帳戶的操作流程。甚至孩子可親自前往銀行開戶，了解開戶所需要的文件和程序，可以幫助孩子了解金融業務的基本流程，以及負責任地管理自己的財務。這些知識和經驗，將在孩子的日後生活中起到關鍵的作用。

此外，開立銀行帳戶還可以讓孩子與同學分享自己的經驗。金錢管理是一個非常重要的話題，並且在日常生活中扮演非常重要的角色。透過孩子在銀行開戶的經驗，他們可以與同學分享這些知識和經驗，這將有助於他們建立和同學之間的良好關係，同時也可以激發其他孩子對金錢管理的興趣，然後彼此鼓勵學習。

最後，開立銀行帳戶還可以幫助孩子更好地理解價值觀。開立銀行帳戶並不僅僅是為了儲蓄和賺取利息，還可以教育孩子金錢的價值觀。透過銀行帳戶，孩子可以學習如何理智地花錢，並學會為自己的未來做出負責任的決策。通過銀行帳戶，孩子可以提早學習管理財務，並學會成為一個理財專家。

總之，讓兒子小約翰接觸銀行，開立銀行帳戶，對孩子的金錢教育助益頗多。除了幫孩子建立長期信用、了解金融知識並累增財富之外，同時，通過經驗的累積，體會金錢價值觀，並建立良好的金融管理習慣。我的體會是，開立銀行帳戶不僅僅是一個金融工具，還是一種生活方式，這種生活方式強調對金錢的管理和價值觀的培養，可以幫助孩子建立健康的金錢觀念和財務習慣，比如如何遵循預算、如何理智地花錢，以及如何學會長期投資的思維方式。這些都將對他們爾後人生非常有益。

當然還有一項更重要的優點是，開立銀行帳戶可以幫助孩子學習管理風險。畢竟在儲蓄的過程中，一定會遇到經濟環境的變動，諸如通貨膨脹、金融危機、銀行的曝險程度，這都會影響每個人的財務。理解趨勢變化，有助於孩子學著認識並管理風險，這將在他們日後的投資和金融管理中起到非常重要的作用。

任何教育，包括金錢教育，都是以培養穩定理性的心智為重要訴求。開立銀行帳戶正可幫助孩子學習應對金融壓力和不確定性。孩子在成長過程中會遇到很多金融動盪與危機，從而會影響利率、進而連帶影響存款以及幣值，這對存戶都產生一定的壓力和不確定性，這些都是人生中必須面對的挑戰。透過銀行帳戶，孩子就可以學會理解、適應並應對這些挑戰與風險。

總之，開立銀行帳戶可以為孩子帶來很多好處，包括建立長期信用、了解複利、認識財務操作流程、與同學分享經驗、學習金錢價值觀、管理風險、遵循預算、理智花錢、建立長期投資思維方式、應對金融壓力和不確定性等等。這些知識和經驗將在孩子的日後生活中起到非常重要的作用，幫助他們建立良好的金融管理習慣和健康的金錢觀念。

金融名詞點線面

從小學階段就向孩子介紹銀行的功用，其實並不算早。如上所述，當認識銀行之後，接踵而至的，就會接觸相關的許多名詞。例如，通貨膨脹、利息等等，而這些知識對一生的財務息息相關。父母的解說很關鍵，必須要用淺顯的例子或比喻，年幼的孩子才好理解。

我是將銀行比喻成一個存儲金錢的儲蓄罐，就像孩子們平時用來儲存零花錢的存錢罐一樣。儲蓄罐可以幫助我們保護金錢，防止它們被弄丟或者被其他人拿走，同時也可以讓我們方便地拿出錢來使用。銀行也是一樣，它可以幫助我們存儲金錢，防止金錢流失，同時也方便進行各種交易。

利息也可以用一個比喻來解釋。我們可以讓孩子想像一下，如果他們把一塊錢放在銀行裡，銀行每年會給他們支付一分錢的利息，那麼等到一年後，孩子們就會有一塊零一分錢了。這就是利息的作用，讓存款可以增值，讓錢生錢。

這樣告訴孩子：

投資股票的人都能感受，當一支一百元股價的股票跌到五十元時，只是跌了五十%，而五十元的股價要爬回到原來的一百元，卻是要漲幅一○○%。也就是，下跌多麼容易，而上漲有多麼的困難。這就是財富的特性：「虧損」比「累積」要容易得多。

我以冰淇淋形容財富的累積與流失。累積財富不容易，就如製作冰淇淋，既費時又耗費心力，更須全神貫注，然而，冰淇淋很容易瞬間就融化了。財富也是如此，賺錢存錢是多麼的不易，但往往莫名其妙就貶值了或消失了。或許是通貨膨脹吃掉了，或者是投資失利，總之，累積的速度常常趕不上消失的速度。

而通貨膨脹對於小孩來說可能是一個較抽象的概念，但簡單說，就是當整個經濟體系中有很多人都想買同樣的東西，但是供應量有限，那麼這些商品的價格就會上漲。這種情況就被稱為「通貨膨脹」，也就是物價上漲的現象。

因此，你可以向孩子解釋「通貨膨脹」是指當許多人都想買同樣的東西，但是供應量有限時，這些商品的價格就會上漲，所以同樣的錢買不到同樣的東西了。我讓小約翰想像一下：

如果他最愛吃的巧克力現在一顆賣一塊錢，但是過了一年之後，同樣的一顆巧克力卻要賣兩塊錢，那麼需要花費更多的錢來買同樣的商品了。這就是通貨膨脹的影響，讓同樣的商品在未來變得更加昂貴。又或者，在市場上有很多人想要買巧克力，但是只有少數的巧克力供應，那麼巧克力的價格就會變得很高。這也會導致通貨膨脹。

這些金融名詞看似獨立，但實際彼此連動，關係密切。而相互連動中，銀行都有利益對比的角色。比如，我和小約翰說：

「小約翰，假如，你把一百元存入銀行，銀行說他們可以給你二%的利息。這意味著一年後，你會收到二元的利息。這樣你的存款就變成了一百零二元。如果你再把這一百零二元放在銀行一年，再以相同利率計算，你就會得到二點零四元的利息。這就是複利的計算方式。」

「爸，很棒啊，我的儲蓄又增加了！」

「是呀，所以很多人都會將錢存在銀行，因為有利息，甚至是複利，好讓財富增加。」

「那我以後所有的錢都要存在銀行。」小約翰開心地說。

「不全是這樣的。」我打斷了他的美好想像。

「為什麼不全是這樣？」他疑惑地看著我。

「因為，當通貨膨脹居高不下時，物價會持續上漲，東西會變得更貴。比如雖然銀行多給了你二點零四元，但巧克力可能又貴了二點五元。如果你把錢放在銀行裡，但銀行利率沒有足夠高，可能無法完全抵消通貨膨脹的影響，這意味著，即使你的銀行存款增加了一些利息，但由於巧克力價格上漲，你的實際購買力可能沒有增加，反而會被通貨膨脹吃掉了喔！」

「啊，銀行給我的利息比巧克力上漲的價差還低？那該怎麼辦？」

「所以，小約翰啊，你需要定期檢查銀行利率和通貨膨脹率的變化，以確保你的存款不會被通貨膨脹吃掉。」這時候就是要向孩子說明結論的時候。

「懂了，我要小心，否則錢就變薄了！」

「哈哈，小約翰太棒了。形容得真好。」沒想到孩子竟然會用成年人的解釋，我不禁笑了起來。

發現了嗎？當我們先帶領孩子認識銀行，緊接著就可以延伸進一步認識其他金融名詞，孩子的財務知識就會越來越豐富了。我的建議是：從一個金融名詞作為起點，就可以由點，成線，再成面地擴大孩子的財務知識領域了。

鮑伯・霍伯的金句

銀行就是，如果你能證明自己不需要錢，它就會借錢給你的地方。

——鮑伯・霍伯（Bob Hope，美國知名的喜劇演員）

認識銀行，不只是認識一些財務操作以及相關的規定。稱職的財務教育，要讓孩子理解銀行的「本質」，才能掌握與銀行打交道的訣竅與時機。鮑伯・霍伯的這句話聽起來是悖論，不就是需要用錢時才找上銀行嗎？如果不需要錢，那銀行找上門做什麼呢？聽聽以下這個故事。

我的孩子喜歡吃「潛水艇」（SUBWAY）的三明治。我恰好讀過創辦人佛瑞德・迪路加（Fred DeLuca）的著作。書中有一段迪路加親身描述的小故事。我特別將這個觀念和小約翰分享。

SUBWAY的創辦人迪路加十七歲就創業，二十四歲時已經擁有十多家連鎖店。事業順利且從不借錢擴張的迪路加為了讓事業更上一層樓，有一天決定向銀行借貸。銀行雖然驚訝眼前這位年紀輕輕就小有事業規模的年輕人，但意外地，銀行卻拒絕了迪路加的借貸。迪路加頗為意外，但體悟了借貸的重要規則：

規則一：如果你「需要」錢，你永遠借不到。

規則二：如果你不需要錢，你就可以借到你不需要的錢。

銀行不就應該是借錢的地方嗎？尤其是，已經小有規模之後的事業，不是更有借貸的條件嗎？這就是故事的重點了。也是迪路加與銀行打交道後所學到的深刻經驗。那就是：手上有錢才借得到錢。當你開了第一家店，資金已「用完」，再想向銀行借款開分店時，銀行就不會出借了。所以要在開店之初，手上有錢時，先向銀行預借，才容易成功。

常會聽到很多資金周轉困難和在銀行間奔波的經營者抱怨說，景氣好的時候，銀行還來拜託我們借錢，誰知道我們有困難，需要借錢了，竟然被拒絕，真是薄情寡義。可是從銀行的角度來看，這是可以理解、甚至完全正確的。

當正需要錢的時候，銀行卻不借你錢，可是我們得想想，為什麼不借呢？如果我們從銀行的角度來看，因為當你沒錢時所申請的貸款，多半不是為了要更進一步發展的投資，而多是用來填補因為經營不善的財務漏洞而已，所以銀行當然不願意把錢借給無法產生利益的人。

銀行的本質上，本來就是「晴天借傘，雨天收傘」，行業的特性就是要做好「風險管理」。它借出的資金可能會遇到困難，就得在需要時收回。銀行的主要業務是吸收存款並發放貸款，銀行會喜歡借錢給「賺錢的」企業是天經地義、理所當然的，因為**銀行的目的不是把錢借出去，而是靠着借錢來回收利息**。

因此，當銀行向借款人發放貸款時，它需要考慮到借款人的信用風險和還款能力。如果銀行無法回收貸款，就可能會面臨損失。因而銀行就需要審核借款人的信用風險並評估他們的還款能力，以降低風險。當銀行面臨經濟困境或其他風險時，它就可能需要在必要時收回貸款，以保護自己的資產和存款人的利益。

要理解，銀行的本質是提供資金的安全儲存和管理，並盡力減少風險。因此，當風險出現時，銀行需要及時採取措施，包括收回貸款，因為必須保護自己和存款人的利益。

和銀行打交道時，有些人可能會遇到一種情況，銀行可能會鼓勵借款人提前還款。這似乎也是悖論，因為銀行收取利息是其主要收入來源之一，鼓勵貸方提前還款，不就減少利息收入了嗎？

確實是如此，但在某些情況下，銀行可能會鼓勵借款人提前還款。銀行著眼的，同樣仍是管理風險和流動性。借款人提前還款，可以幫助銀行管理風險和流動性，因為這樣可以減少不良債務風險，提高銀行的現金流量，以滿足未來的資金需求。

所以，「潛水艇」創辦人的經驗是：在**「不需要」的時候，預借未來「需要」的錢**，就是很多企業家、生意人必須學會的財務運用。這是我要提醒小約翰的事，因為這就是金錢調度的遠見與能力。

我為什麼告訴小約翰這個對他似乎仍屬遙遠的案例，那是因為當我和他介紹銀行的時候，他高興地以為，銀行既然可以放貸借錢，那以後需要錢，就向銀行借款就好。但天下沒有白吃的午餐，我認真地告訴小約翰，就像如果今天要買個房子，也得自己先有一定的自備款，銀行評估了你的債信後，才會「考慮」是否授信。

就如鮑伯・霍伯戲謔所說，越不需要錢，銀行反而更願意出借。但前提絕對是，自己要有一定程度的信用與財務能力。我特別告訴小約翰，理財絕對不能只寄望別人口袋裡的錢，包括銀行在內！

讓「投資效期」陪孩子長大

曾經有記者問巴菲特：「你買的股票都是可口可樂、蘋果這些大公司，很多人也都有買啊，可是為什麼你最有錢呢？」還有一次是亞馬遜的創辦人貝佐斯（Jeff Bezos）說，他曾問過巴菲特，他是世界第二的富豪，投資理論也很簡單，為什麼大家都不複製他的做法呢？

巴菲特的回答一樣：「因為大家都不想要慢慢的變有錢。」這就是投資的重點了。所以巴菲特的投資，經常是以至少十年為一個時程。他的名言就是：「**如果你不考慮擁有一支股票十年，那就不要考慮擁有它十分鐘**。」然而，成年人的經濟壓力大，常常等不及「投資標的」長大，就急著處理了。但孩子年幼，有更多的時間可以耗、可以等，所以他們更適合「長線投資」。這也是從兒童時期及早展開理財學習的優點。

我知道越早開始，投資的有效期就越長，就如巴菲特說：「人生就像滾雪球，而影響雪球大小的因素有二：夠長的坡道和充足的雪量。隨著雪球越滾越大，象徵投資的成效。」或許以孩子來說，雪量（金額）並不充足，但「**滾動時間**」越久，效果依然明顯。身為家長，為孩子規畫理財，就是要做到「讓財富和孩子一起長大」。比如，一千萬是很多人設定的基本安全的財務目標。如果從孩子一歲開始，父母每年就投資一萬元，在七%報酬的投資標的上，此一報酬率並不罕見，諸多的基金都有此績效，然後持續到退休的六十五歲。孩子就有機會存到一千萬。理財越早開始越輕鬆，這就是長期定期儲蓄的威力。

我的「時間」啟蒙課

大學時，有個同學向我借錢，說下個月就會歸還。我問原因，他說用了信用卡買了幾本書。我好奇問，既然下個月就有錢還我，信用卡隔月付款就行，那就用自己的錢還卡費就好，為什麼要先向我借，隔月再還，又沒差幾天。

重點來了，朋友說，離還款至少還有一個月，我先借他錢，他拿來先還信用卡，可以少付利息。他向我借錢，隔月還我不需要付利息。他自己的錢可以用來投資生財。就算有些信用卡隔月付款不加收利息，他先拿了我的錢加上他的錢，還可以先用來尋找投資生財機會。結論是，他告訴我，別看不起這些小錢，也別以為只有短短一個月，這些都是累積財富的基礎。

我對財富與時間的共生關係，就是從這位同學啟發的。任何理財高手不會放過任何一天的時間，因為從計算利息的角度來看，都是累積「雪球」的基礎。

所以把握時間很關鍵，哪怕僅有一天的時間都至關重要。很早就讓小約翰開設銀行帳戶，就是希望孩子可以在將來的日子裡，有更多時間去培養他的財務觀念，以及儲蓄和投資的習慣。

一開始，小約翰並不是很明白我為什麼要讓他開設銀行帳戶，他甚至還覺得有點無聊。但我向他解釋了銀行有提供利息，尤其是複利的計算概念與複利的威力後，他逐漸開始明白。

複利在孩子的金錢教育中是重要的一課，我再強調如下的原因：

一、複利可以加速資產的增長速度：複利是指利息能夠再次產生利息，因此可以將資產增長速度加快。這意味著，如果孩子能夠在年輕時開始儲蓄，那麼他們的資產會在未來增長得更快，因為他們可以享受長期的複利效應。

二、複利可以教導孩子關於長期投資的重要性：孩子需要知道，在投資方面，長期性是非常重要的。長期持有投資可以使複利效應最大化，同時也有助於降低風險。通過學習複利的概念，孩子可以學會長期投資的重要性，這對他們未來的財務規劃非常有益。

三、複利可以幫助孩子理解金錢價值：複利可以幫助孩子理解時間價值和金錢價值的概念。當孩子知道自己的錢可以通過複利增值時，他們可能更加珍惜自己的資產，更加謹慎地使用自己的錢，也更加明白自己的資產在未來的價值。

我多次告訴小約翰，如果他把錢放在銀行裡，銀行就會支付利息給他，而這些利息會在一段時間後再次計算利息，也就是複利的效果。這樣一來，他的錢就會不斷地增長，這就是複利的巨大作用。透過這樣的方式，我希望教導他「讓金錢為你工作」的概念。

當教導小約翰複利概念時，我也刻意讓小約翰看到我的另一本示範帳戶餘額，這是為了讓孩子理解當金額越大，複利的效果自然同步放大。他就理解到時間越久，複利的功能就越強，財富累積的速度就越快。例如，當他五歲時，我讓他看到我銀行帳戶裡存了一千美元。當他七歲時，我銀行帳戶裡的錢已經增長到了一千二百美元，因為我每年定期存錢，並讓錢得到複利。小約翰很驚訝，他問我怎麼會有這麼多錢，我告訴孩子這就是複利的效果，就是巴菲特所謂的坡道越長，雪量越豐，就會滾出巨大的雪球。

就像是種子種在地裡，隨著時間的推移，它們會長成大樹，並且不同的分枝都結出更多的果實。同樣地，金錢也是如此，如果你將它們投資到適當的地方，隨著時間的推移，它們會變得更有價值。

透過這些過程，小約翰從開設銀行帳戶開始學習儲蓄和理財。我教他如何設定目標，並計算需要多少錢才能實現目標。例如，如果他想要買一個遙控車，我會問他這個遙控車的價格是多少，然後和他一起計算需要多久才能存到足夠的錢買下它。當然有加上銀行付出的利息。

除了銀行帳戶外，我也鼓勵小約翰學習投資和理財。我給他看一些投資的例子，例如若是他在二〇〇〇年以一百美元的價格買下了某績優公司的股票，現在他的投資價值會增長到了一千美元，因為該績優公司的股票價值已經大幅上漲。我也會告訴他股票市場的風險和回報，讓他明白投資也需要謹慎考慮。

通過這些教育，小約翰開始懂得如何管理自己的財務。當他在十歲時，他已經頗能獨立管理自己的銀行帳戶和儲蓄目標。例如，他會把一部分的零用錢存進銀行，而另一部分則用來買他想要的物品。他也開始學習如何投資，例如買基金以獲取更多的收益。最終，我非常高興看到小約翰一步步實現了自己的財務目標，並且在理財方面有了很好的學習成果。

當然，風險意識是金錢教育中不可或缺的一環，我也教育小約翰要注意風險和報酬的平衡，不要只看到高報酬而忽略風險。我告訴他，如果有高報酬的投資機會，也必須了解風險並選擇可承擔的風險，才能做出明智的決策。

隨著時間的流逝，小約翰的銀行帳戶慢慢增加，他開始感受到複利的威力。我記得有一次，他驚訝地告訴我，他的銀行帳戶餘額增加了很多，即使他並沒有進行任何操作。我告訴他，即使他只是儲蓄一小部分的零用錢，長期的複利也可以幫助他積累更多的財富。

為了讓小約翰更好地了解複利的威力，我也讓他自己計算複利。有一次，我們討論了一個簡單的情境：如果小約翰每年儲蓄一千元，年利率為五%，那麼在二十年後，他的銀行帳戶餘額會是多少？小約翰利用手機上的計算機，通過不斷計算利息，最終得出了答案：他的銀行帳戶餘額將會增加到近三萬四千元！小約翰對自己的計算結果感到非常驚喜，他意識到了複利的重要性，並開始更加積極地儲蓄和理財。

透過這些方法和實際案例的教育，小約翰的金融素養不斷提高。他開始更加關注自己的財務狀況，對風險和報酬的平衡有了更深入的了解，並且學會了利用複利為自己的財務增值。他的銀行帳戶餘額也不斷增加，為他未來的學習和生活提供了更穩定的經濟基礎。

是的，大家都知道愛因斯的一句名言，複利的威力比原子彈更強大。複利之所以威力強大，就是伴隨時間的推波助瀾。我按照不同的年限設定預期的存款餘額，這樣的計畫就能依照不同時間所需，而有可應用的資金。例如，我和小約翰設定的是當投資一百元，年利率是二%，每年的利息再繼續投入，也就是複利時，一年、兩年、五年、十年和二十年後的本金和利息如下表所示：

可以看到，與簡單利息不同，複利可以讓回報更快地增長。長期持有的話，複利的效果更加明顯。列出不同年限的本金複利總和，一方面鼓勵孩子長期儲蓄，再者可以讓孩子清楚理解如何設定計畫所需的年限，進而掌握自己的財務計畫了。

年數	本金和利息
1年	1213元
2年	2450元
5年	6312元
10年	13282元
20年	29472元

不浪費一場好危機

讓孩子認識接觸銀行，還有一項最大的優點，就是幫助他們提升對世界趨勢的認識。因為接觸銀行，可以接觸大量的財經知識與趨勢。

當二〇〇八年金融危機爆發時，我發現這不僅是一個經濟問題，也是一個教育孩子的機會。在這種重大時刻，父母就應該好好利用機會向孩子們解說這場危機的形成和對我們生活的影響，或請嫻熟財經的人士來為孩子上課。

而解說的起點，不妨就從銀行開始。因為銀行在危機中扮演著非常重要的角色。銀行是貸款和存款的中心，如果它們失敗了，整個經濟體系就會受到嚴重的打擊。因此，可以從銀行和聯準會的角度，來講解危機的形成原因以及這些機構為什麼需要制定因應措施。比如聯準會為什麼要注入資金，以保持銀行運作，而政府為什麼要實施刺激措施，來激活整個經濟體系等等。

即使孩子們還很小，也需要理解複雜的世界。父母應該向孩子解釋危機中所看到的新聞和報導，並告訴他們這些事件如何影響家庭和社區。也讓孩子看到危機的後果，那就是很多人失去了工作和家園，並影響了家計和生活方式。

記得當時我的姪女伊凡卡從報紙和電視新聞中得知全球發生了金融危機，她很關心我們家的投資和儲蓄是否會受到影響。我告訴她，我們的投資布局是多元化的，並且有一些嚴格的風險管理措施。由於我們有很多不同的投資項目，所以即使其中某些項目受到了影響，其他項目仍然可以保持穩定或者甚至繼續增長。

具體說，我在投資組合中包括了不同類型的資產，例如股票、債券、房地產和貴重金屬等。我選擇了一些穩定的、有長期增長潛力的股票，而非高風險、高報酬的股票。同時，我還投資了一些固定收益類別的資產，例如債券和儲蓄存款等。這些資產通常在金融風暴時表現穩定，因為它們提供了可靠的收益和保本的保障。

除了多元化投資之外，我還設置了一些風險管理策略。例如，我將每個投資項目的比例限制在一定的範圍內，這樣可以避免過度依賴單一項目，從而降低風險。此外，我也會監控投資組合的表現，並在必要時進行調整，以確保其風險和報酬符合我們的投資目標。

由於我們的投資組合設計得當，我們家的儲蓄和投資受到的影響非常小。這是財務教育中的核心，就是得學會選擇穩健的投資組合，多元化風險，設立風險管理策略，以應對金融危機等風險事件，以維護個人與家庭財富的安全和穩定。

危機是一個財務管理的絕佳教育機會。父母應該告訴孩子如何在危機中保持理智和冷靜，並如何儲蓄和管理資產，甚至分析股票、基金和房地產等投資產品的風險和回報。

通過這樣危機的機會教育，孩子們一定學到了許多關於財務管理和風險管理的知識。更明白了經濟的運作方式和政策的影響。

我始終主張，讓孩子認識接觸銀行可以幫助他們觀察到銀行和金融市場中的趨勢。例如，在經濟不景氣的時候，銀行可能會收緊信貸標準，降低放貸風險。當經濟繁榮時，銀行可能會放寬信貸標準，提高放貸比例。此外，銀行的貨幣政策和利率操作也會影響全球經濟和金融市場。唯有在金融危機來臨時，這些金融知識才會讓孩子的體悟更深、學習得更透徹。

又如在covid-19疫情期間，也是很好的一次財務機會教育。回到銀行的角色與因應做法，我是這麼向小約翰比喻的：

銀行就像是一個保險箱，裡面有很多人存放自己的錢。當疫情發生時，像是失業或生病需要花費很多錢的人，會需要從這個保險箱裡頭拿錢來使用。銀行需要確保這個保險箱裡頭的錢不會因為疫情而消失，因此他們要做一些措施，例如調整貸款利率、提供貸款等，讓需要錢的人能夠繼續拿到錢，並且讓這個保險箱裡的錢能夠長期保存下來。

這就像學校管理學生的學業一樣，銀行需要管理和保護錢的使用和存放。當疫情爆發時，很多人會因為失業或生病而無法還款，銀行需要想辦法協助這些人，例如延長還款期限、調整還款計畫等，讓人們不會因為還款而更加擔心。這樣的管理和協助，就像學校協助學生解決問題一樣。

銀行也可以像救護車一樣，緊急支援有需要的人。疫情期間，銀行可以提供緊急貸款給有需要的人，讓他們能夠快速取得資金解決問題，就像救護車可以快速地前往現場協助病人一樣。

透過以上的比喻或說明，孩子可以理解銀行在疫情中的角色與因應做法。同時，家長也可以告訴孩子，在疫情或其他突發事件發生時，銀行的功能和作用，以及如何正確地使用銀行的服務，都是孩子認識銀行的更好機會。

當然，財務教育首重風險控管。我也告訴孩子銀行的風險控管非常重要，尤其是對於存款人而言。在金融危機時，許多銀行因為資產價值下跌而無法償還債務，進而引發銀行破產和金融風暴。因此，我告訴孩子不只要注意選擇安全的銀行和投資產品，也要關注銀行的風險管理能力，才能更好地保護自己的財務安全。

除了銀行，我也向孩子介紹了其他金融機構的角色和作用，例如保險公司、證券公司、投資基金等等。我告訴他這些機構可以提供不同的金融產品和服務，讓人們可以更有效地管理和運用自己的財務資源。

我也和孩子討論新冠疫情期間聯準會如何調整利率，對經濟和股市有什麼影響。這樣的討論可以幫助孩子更好地理解金融知識和世界趨勢，也可以鼓勵他思考自己的財務規劃和投資決策。

讓孩子認識和接觸銀行可以提升他們對世界趨勢的認識。所以「**不要浪費一場好的危機**」，尤其在金融危機和其他重大事件中，孩子可以觀察到銀行和其他金融機構的角色和作用，學習到風險管理和財務安全的重要性，並且理解金融知識和現實應用的關係。這樣的學習可以提升孩子的相關知識，並能讓他們更好地面對未來的挑戰和機會。

第七章

「忘記財富」的教育

不要尋求令人稱羨的財富，應當追求這樣的境界：對財富正當地獲取，清醒地使用，愉快地施捨並能知足地放棄。

——英國哲學家培根（Francis Bacon, 1561-1626）

老鼠與鼬鼠

很久很久以前，在森林深處，住著一隻愛財的鼬鼠。每天他都在尋找更多的堅果，然後挖個大洞，埋起來，並且想方設法保護他的財富。但是，他也變得越來越自私，不關心其他動物的需要。

有一天，一隻貧窮的老鼠來到了鼬鼠的家，希望鼬鼠能夠幫助他找到食物。但是鼬鼠只是嘲笑老鼠的貧困，並不願意幫助他。

隨著時間的推移，鼬鼠發現自己越來越孤獨。雖然擁有很多財富，但沒有任何真正的朋友。甚至沒有人願意和他說話。

這時候，鼬鼠發現只有貧窮的老鼠向他求助時，他才有說話的對象。當老鼠又來找鼬鼠時，雖然心裡不願意施捨，但小鼬鼠檢查了自己的堅果後，發現他有足夠的堅果和種子可以分享給老鼠。他就勉強拿出一些堅果施捨給老鼠吃。

老鼠非常感激小鼬鼠的幫助，他說：「謝謝你，小鼬鼠。我已經好久沒有遇到像你這樣善良的朋友了。我願意用我所擁有的一切回報你。」

小鼬鼠感到很驚訝，他從來不認為老鼠會回報他什麼。老鼠說：「我雖然沒有物質的財富，但是我的智慧和經驗可以幫助你。我願意教你如何更好地管理你的財富，讓你的生活更加美好。」

於是，老鼠開始教導鼬鼠如何保存和管理他的堅果收藏。老鼠告訴鼬鼠，如果他把堅果藏在不同的地方，每次只拿一部分出來，就能確保它們不會被其他動物偷走或者被損壞。老鼠還告訴鼬鼠如何區分哪些堅果可以留下來，哪些應該與其他動物分享。

鼬鼠開始嘗試老鼠所教的方法，發現他的收藏比以前更安全，也更長久。同時，當他開始與其他動物分享堅果時，他感到了一種幸福的滿足感，因為他幫助了別人，也贏得了更多的友誼和信任。

這是我有一次為小約翰說的睡前故事。

「爸，你說每個故事都有智慧，那小鼴鼠學習到什麼智慧呢？」小約翰問。

「這讓小鼴鼠意識到，『幫助別人，就是幫助自己』的道理。」我這麼告訴孩子。

「可是分享，不會越分越少嗎？」孩子疑惑地問。

「**任何的東西都是越分越少，但你要記住，只有愛和希望，是越分越多。**」小約翰問得好，我必須告訴他正確的價值。

「只有通過分享和幫助他者，才能真正獲得生命中最有價值的東西，也就是真正的友誼和感情。因為這件事情傳開後，大家都感受到『付出就是收穫』的重要性。堅果雖然重要，但友情更重要。從此之後，森林裡所有動物都在友誼和幸福的支持下，過著快樂互助的生活。他們理解了『捨出財富，忘記財富』，如此才願意無私地全力幫助他人，這樣做的回報比財富更加豐收。」我這麼告訴小約翰。

孩子想做「蜘蛛人」

「爸，你說過，理財是一生的功課，但會不會像我學校的考試，非常努力讀書了，還是達不到媽媽要求的成績呢？」有一天，小約翰這麼問我。那是他就讀小學三年級的時候。

「呵呵，不會的，成績不理想是努力不夠。只要你有心，要真的有心喔，就會達到目標。」我鼓勵著孩子。

「會嗎？有心就一定會考好嗎？」孩子還是疑惑著問。

當時，我突然想到《牧羊少年奇幻之旅》（O Alquimista）這本書中有句話很打動我，「**當你真心渴望某樣東西時，整個宇宙都會聯合起來幫助你完成。**」我就引用這話鼓勵小約翰。

孩子突然眼睛一亮，睜著大眼認真問我：「那麼，爸，我渴望成為華倫・巴菲特，整個宇宙也會幫我嗎？」

「啊！」自從教導小約翰之後，不時分享股神巴菲特的投資哲學，顯然巴菲特已是小約翰的理財偶像。但乍聽孩子提問，我還是有點驚訝，又不免有點想笑。不過這種時候可不能潑孩子冷水。

「當然，如果你夠努力、理財觀念也正確，天下沒有不可能的事，上帝也會幫助你。就算做不到巴菲特爺爺的成績，也會達到一定程度的財富目標。」

他又接著問：「那如果我真的渴望成為比爾・蓋茲，也沒問題嗎？」

我點了點頭，「當然。」但我知道，又是巴菲特爺爺、又是世界首富，這孩子可能只想到財務成就，人生只為了財務而努力，是不健康、也不正確的。所以，我特別告訴他比爾・蓋茲的財富是從小累積的，他從孩童時期就開始工作，努力儲蓄和投資。隨著年齡的增長，他的財富也不斷增加。更重要的是，當他成為大富豪後，他更加懂得慷慨地捐獻財產，用於支持公益事業。

「喔，他做了什麼公益慈善事業？」小約翰問。

「太多了。」我告訴小約翰，「比爾・蓋茲一直以來都是一個熱心的慈善家。他創立了比爾和梅琳達・蓋茲基金會，該基金會專門用於支持各種全球性的慈善事業，例如改善健康、教育和環境等領域。基金會還投資於各種研究和技術項目，以提高全球社會的進步。」

我繼續說道：「比爾・蓋茲的公益事業也不僅局限於他的基金會。他還積極參與全球各種慈善活動，例如捐款支持醫療救援和教育改革等項目。他還將自己的社交媒體和公眾形象用於推廣和支持各種公益事業。總體而言，比爾・蓋茲的財富被用於改善全球社會，幫助更多人獲得更好的生活質量，對於全球社會產生了重大的影響和貢獻。」

小約翰懷疑，「那為什麼比爾・蓋茲不將所有的錢都留給自己的孩子，而是將其用於公益事業？」小約翰問到了教育孩子理財的重要課題，那就是私利與公益。

「你問的很好，因為比爾・蓋茲說過，將大量財富留給孩子並不是一種恩惠，反而會扭曲他們可能做的任何事情，破壞他們自己的人生道路。所以自己的財富要靠自己努力掙來。」我對小約翰特別強調。

「孩子，你不是喜歡看《蜘蛛人》嗎？」我問孩子。

「是啊，蜘蛛人真的超酷的。」孩子是《蜘蛛人》迷。

「他在片中，說過一句話：能力越大，責任越大。你記得嗎？」我考考孩子。

「記得呀，看完電影，你就要我背下這句話。」孩子點點頭。

「是的，比爾・蓋茲就是有大能力的人，所以他捐獻公益的時候，不僅是一種責任，也像蜘蛛人一樣拯救了無數的人。」

「我沒想過，原來比爾・蓋茲也是『蜘蛛人』。」孩子睜著大眼看著我說。

「哈哈，如果有一天你真成了第二個比爾・蓋茲，我也希望你是蜘蛛人，拯救人類，幫助世界。」

我想灌輸孩子，比爾・蓋茲從世界首富變成世界第一慈善家，這種轉變就是從累積財富到捨出財富。他應該從比爾・蓋茲的公益事業中學到許多正確的應用財富觀念。學會財富不僅僅是擁有錢財，而是如何使用錢財來改善社會和幫助他人，金錢的價值在於創造改變和帶來福祉，而不僅僅是擁有大量的財富。

小時候，父親就教我要記得英國哲學家法蘭西斯・培根（Francis Bacon）的名言：「**金錢如肥料，施予才有價值。**」是啊，金錢要用得其所才有價值。美國富豪安德魯・卡內基（Andrew Carnegie）也說：「**去世時仍留下財富的人，走得不光彩。**」財富必須要善加利用。

「那麼，爸，你以後也不要留財產給我。你應該要像比爾‧蓋茲那樣捐獻出去。我要靠自己成為富豪。」小約翰突然冒出這一句，好認真地做了結論。我哈哈大笑。

可不是嗎？人生短暫，沒有必要把錢全部都留給子孫，也許他們根本不在乎你喜歡的東西，包括金錢在內。

身為關注金錢教育的父親，我最想讓小約翰銘刻內心的，就是要學習到慷慨和公益事業的重要性。比爾‧蓋茲願意將他的財富用於支持全球各種慈善事業和公益活動，這樣的行為展現了他對於社會和他人的關懷，也代表了他的責任感和人道主義精神。對於公益事業，比爾‧蓋茲也有一些有意義的話。例如，他曾在接受訪問時說過：基金會是他覺得此生做的最滿足的事。何況再多的錢也帶不走，而且如果留給後代也不好的話，何不如大家一起來想想還可以做些什麼事。

這正是我對小約翰的期望，無論能否成為另一個比爾・蓋茲，但期盼他依然力行實踐公益的作為，無論有多少的財富。

是的，教導孩子學習財商，不僅是讓孩子早日獲得財務自由，但進一步將錢用於公益，能夠幫助他更好地理解金錢的價值和使用，也能夠啟發並培育他的慷慨和公益精神，並且激發他成為一個有責任感的公民，從而助力社會的發展和進步。

「小小慈善家」活動

作為一個家長和長期支持公益的人，我深刻認識到需要培育孩子們公益與慈善的觀念，這件事很重要，是理財教育的重要一環。因為私利和公益並不是違背的。

我決定開始一個慈善公益活動，幫助孩子學習理財觀念的同時，也鼓勵他們參與社區公益行動，目的就是從小實際的體驗與參與。

我們的活動名為「小小慈善家」，旨在通過與學生的互動，幫助他們理解理財的基本原則和慈善行動的價值。我們選擇了一所當地的小學，通過學校的支持，邀請學生參加我們的活動。活動的參與費用非常低廉，在與家長事前的溝通與支持下，只需要每個學生支付十元作為報名費。收到的所有款項都將用於慈善事業。

活動開始前，我們籌備了一些教育資源，包括儲蓄罐、錢幣、投資工具、慈善機構介紹等，以便學生可以實際體驗和學習。活動分為三個部分，每個部分都設計有具體的目標和任務。

第一個部分是儲蓄。每個學生收到一個小儲蓄罐和一些錢幣，他們被要求將其中一部分錢存入儲蓄罐中。我們解釋了為什麼儲蓄是重要的，如何追蹤和管理儲蓄，以及長期儲蓄的好處。在這個部分結束時，學生們獲得了一些基礎的理財知識和習慣。

第二個部分是投資。我們提供了一些模擬投資的工具，例如股票和債券，讓學生可以體驗投資的風險和回報。我們還討論了如何選擇投資標的、如何擇時買賣和如何平衡風險和回報。在這個部分結束時，學生們也獲得了一些基礎的投資知識和技能。

第三個部分就是慈善。學生被要求設立一個目標，計劃募集一些款項，並選擇一個慈善機構進行捐贈。在這個部分中，我們強調了幫助他人和回饋社會的重要性，並解釋了如何選擇慈善機構和如何安全地進行捐贈。

在活動結束時，我們會向學生發放一份「小小慈善家」的認證，以表彰他們參與活動並學到的知識。此外，我們還為所有參與者提供了一些有用的資源和指南，以便他們在家中繼續學習和實踐理財知識。

在這個活動中，我們收到了來自八十名學生的參與，籌集的款項全部用於捐贈慈善機構。除此之外，我們還得到了學校和社區的高度評價和支持，許多家長也表達了對這個活動的欣賞和感謝之情。

通過這個活動，我們成功地幫助孩子們學習了理財知識，提高了他們對公益事業的認識和參與度。同時，這個活動讓孩子們理解了做公益和個人投資理財是可以並存的，原來我們可以透過幫助他人，實現自己的價值和回饋。

為什麼公益活動設計中，會加入一些模擬投資的工具呢？這就是我們的用心，除了是給孩子多些財務教育的實作訓練外，再者就是告訴他們，要有資金，才更能協助公益慈善的推動。因為，金錢是一個非常重要的資源，善行要循環不息，不能僅有理想，金錢的支撐是不可或缺的。唯有如此，才有利創造價值和實現公益目標。

比如，近年有一種商業的模式被稱為「freemium」，freemium是一個由「free」（免費）和「premium」（高級）兩個單詞合成的詞語，指的是一種商業模式，即基礎服務免費，但高級服務需要收費。

在這個商業模式中，公司通常會提供免費的基礎服務或產品，以吸引用戶，同時也為用戶提供了便利和價值。但如果用戶需要更高級別的服務，如更多的功能或更好的品質等，公司就會向他們收取費用，以實現商業收益。

通常，這種商業模式適用於網絡服務、手機應用程式等產品和服務，如網絡遊戲、音樂串流平台等等。這種模式的好處是可以靠著免費服務先吸引大量的用戶，同時也能夠從付費項目中實現商業收益，以維持和發展企業。

我們可以擷取freemium其中的精神。就是：做公益慈善的同時，尋找支撐運作的財源是很重要的。有了財源的挹注，公益活動才能源源不絕，生生不息。就如freemium模式中，儘管有免費的服務，但仍需有付費的收入，才能挹注企業運行得更為順暢，繼而也才能持續為大眾提供免費的服務。

所以，以公益精神為出發點，但也兼顧了獲利。這個模式的理念可以讓善行循環下去，就可以長期支撐公益事業的運作，為社會帶來更多的福祉和發展。這就是我們主辦活動的家長想向孩子灌輸的觀念：口袋越飽，能力越大，付出的貢獻就越多。

另外在這次活動後的分享座談中，我們還向孩子強調一個重點，那就是，當今的世界ＡＩ（人工智慧）盛行。人們開始擔心自己的工作會被

ＡＩ取代。然而，專家指出，大量且重複性的工作確實很容易被取代，但涉及到**人際互動、情感和關懷的工作是不會被取代的**。而公益或慈善活動，強調的就是人際互動、情感和關懷，而這些都是ＡＩ或智能機器人難以完全模擬的。

雖然ＡＩ可以幫助我們處理大量且重複性的工作，但我們仍然需要人類的情感和關懷，特別是在那些需要人們與他人互動的領域。這包括了兒童理財教育、醫療照護、教育、諮詢、社交工作和其他關懷性質的工作。這些工作需要人們用心去理解和處理他人的情感和需求，以提供更好的服務和關懷。

因此，我希望小約翰能夠在成長過程中接觸更多關懷性質的工作，並且了解人與人之間的互動和情感是無法被ＡＩ取代的。這將有助於他在未來成為一個有同理心和關懷精神的人，並且為社會帶來更多的價值。

哈比人與黑腳族

著名的音樂人、英國合唱團體「披頭四」成員之一約翰・藍儂（John Lennon）說：「有人曾問我，長大想做什麼？我寫下『快樂』。他們說我沒聽懂問題，我說他們不懂人生。」

做為父母，雖然期待孩子有著富裕的一生，但更希望他擁有快樂滿足的一生。金錢的富足對人們來說固然重要，但是它不足以讓人們真正感到快樂和滿足。相比之下，心靈的富足才是真正的財富，它讓人們感到充實和滿足，帶來真正的幸福。

這樣告訴孩子：

問：如果錢真的可以買到幸福，那麼為什麼有這麼多有錢人不幸福？

答：錢買不到幸福，就像火車票買不到目的地一樣。如果你不知道自己要去哪裡，那麼你無論買多少火車票都不會到達目的地。幸福是一種目的地，而錢只是一種工具，它可以幫助你前往目的地，但錢本身並不是目的地。所以，如果不知道自己真正想要的幸福是什麼，那麼錢對於你來說就像是沒有目的的火車票。

就像我帶著孩子看電影《魔戒》的時候，觀影後的分享會和孩子談到《魔戒》中的哈比人（Hobbits）。哈比人是一個小種族，他們生活在一個平和而舒適的環境中，重視友誼和家庭。他們沒有貪婪的慾望，不喜歡奢侈和攀比，也不為財富和權力而奮鬥。相比之下，人類和其他種族為了金錢和權力而不斷爭鬥，最終帶來的只有破滅和悲傷。哈比人以心靈的富足為目標，通過深厚的友誼和對自然的熱愛，享受著真正的幸福和滿足。

另一個經典案例是美國富豪安德魯・卡內基（Andrew Carnegie）。卡內基是美國鋼鐵大亨，身價數十億美元，但他始終相信金錢的價值有限。他認為，真正的財富不是金錢，而是人生中的豐富經驗和深度感受。他熱愛閱讀和學習，並致力於慈善事業。他創建了卡內基基金會，支持教育、文化和科學研究，幫助無數人實現他們的夢想。他通過這些行為證明了心靈的富足才是真正的財富，比金錢更加有價值。

我們一定常發現，成功的人士經常強調心靈富足的財富。為什麼呢？因為他們深知物質財富和名譽地位並不能帶來真正的幸福和滿足感。相反，內心豐富的人可以在生活中獲得更大的成就和快樂，因為他們有一種更深刻、更持久的滿足感，來自於他們對生命的意義和目標的理解。父母值得向孩子進一步分析深層的內涵原因，包括：

第一個原因是，物質財富有限，而內在豐富無窮。雖然物質財富可以為人帶來暫時的幸福感和滿足感，但它們往往是短暫的，無法持久。相反，內在的豐富是一種更深刻、更長久的滿足感，它來自於對生命和自己的理解和認識，這種感覺可以持續一生，並給人帶來真正的幸福和滿足感。

第二個原因是，物質財富不能帶來真正的自我實現。當人們達到一定的物質生活水平之後，他們的追求往往轉向了更高層次的需求，如尋求自我實現和意義。這種實現和意義並不是通過物質財富和名譽地位可以實現的，而是通過對生命和自己的理解和認識實現的。只有擁有內在豐富的人才能實現自我，找到真正的意義和目標。

第三個原因是，內在豐富可以帶來真正的影響力。成功人士不僅注重自己的成就，更關注對社會和其他人的貢獻。只有擁有內在豐富的人才能真正地影響他人，比如將自己的價值觀和信念傳達給他人，並帶來真正的改變和進步。

可以體會的是，成功人士之所以強調心靈富足的財富，是因為他們相信只有擁有內在的豐富，才能真正地實現自我、找到真正的目標和意義，並對社會產生真正的影響力。物質財富和名譽地位固然重要，但只有當它們成為實現內在豐富的手段時，才能帶來真正的幸福和滿足感。我們應該學習從內部開始建立豐富的生命，並將自己的價值觀和信念分享傳達給他人，為社會和他人帶來真正的貢獻。

有一次我曾經帶著小約翰到圖書館閱讀，湊巧看到一本書介紹了黑腳族（Blackfoot）。黑腳族是北美洲原住民族之一，居住在現今加拿大和美國的蒙大拿州。他們是一個傳統的狩獵和採集社會，其經濟活動包括狩獵野生動物、捕魚、採集植物、種植農作物等。在這個社會中，財富的概念不僅僅局限於物質財富，也包括精神財富，例如家庭和社區之間的關係、個人的聲望和地位等。

根據文獻記載，黑腳族的文化中強調的是分享和合作，而非個人財富的累積。他們相信個人的富裕取決於整個社群的富裕，因此他們不會把財富視為私人財產，而是將其視為整個社區共同擁有的財富。

在黑腳族的文化中，「分享」是一個非常重要的價值觀。他們相信，當一個人分享自己的財富和資源時，他會得到更多的福祉和成功。他們認為，只有通過分享和互相幫助，才能實現個人和社區的繁榮和幸福。他們的核心精神就是，**分享越多，才表示越富有**。

這個觀念在黑腳族社會的各個方面都得到體現。因為樂於分享，就不會自私，也更容易建立互助互利的機制。例如，在黑腳族的習俗中，他們會在豐收的季節將食物、衣服和其他物品分享給社區中的所有人，特別是那些需要幫助的人。這種分享和合作的文化有助維持社群的和諧，並促進個人和集體的富裕。又如，在狩獵時，獵人們經常會分享他們的獵物，而不是僅僅為自己保留。同樣地，在採集植物和種植農作物時，他們也會分享自己的收成。在社會生活中，家庭之間也會互相分享資源，並且在社區內部也會設立共享資源的機構，例如共享水源和狩獵區。

對於黑腳族來說，越分享和合作，越能感受到自己和社區的富裕。這種觀念也是我希望教導孩子，無論從個人和團體角度，都能在分享和合作的價值中找到「何謂財富」的啟發意義。

世界只有兩種問題

如果說，教導孩子的理財教育分成三個階段的話，第一個階段應該是追求財富的累積，第二個階段是私利與公益的並行，第三個階段就是徹底忘掉財富，就如同比爾・蓋茲、華倫・巴菲特以及許多富豪幾乎捐出所有財富的承諾。

為什麼積累了財富之後，到頭來，反而要孩子徹底忘掉財富呢？因為，當孩子有了無視於財富的胸襟，才能專注在更有價值的事物上。

有一天，我看了看小約翰，然後對他說：「**世界只有兩種問題**。」

那是當時就讀小學四年級的小約翰班上有一個和他很要好的女同學，因為家裡發生了一些問題而心情很沮喪，影響了她在學校的表現和與其他同學的關係。小約翰想要幫忙解決這個問題，他認為只要送給這位同學一份昂貴的禮物，就可以讓她高興起來，問題也就迎刃而解了。

小約翰一臉疑惑地問：「爸，世界的問題很多呀，光我學校就好多問題呢。怎麼會只有兩種呢？」

小約翰對我的說法明顯感到好奇。我開始講起了我對金錢與價值的看法，以及我希望他能從中學到的觀念。

「小約翰，很多人都說金錢是萬能的，但其實不是所有問題都可以用錢來解決。例如，有些問題需要更多的時間、努力和智慧來解決，而這些都是錢買不到的。」我向他解釋說。

「可是爸爸，大衛叔叔不是常說有錢就能解決一切嗎？」小約翰追問道。

大衛是維修社區的一名藍領工人，工作勤奮，但家裡的經濟負擔沉重。

「因為很多人有現實生活的壓力，所以他們不得不只求解決表面的現象，而沒有看到問題的本質。對於某些小問題，賺更多的錢可以解決，但對於一些更深層次的問題與價值，錢可能只是暫時的解決方案。」我說。

「那人生中最深層次的問題與價值是什麼？」小約翰問我。

「對我來說，最重要的價值是人與人之間的關係，例如家庭關係、友情、愛情等等。這些關係才是人生中最寶貴的財富，而這些財富是無法用金錢來衡量的。」我說。

「嗯嗯。」小約翰點了點頭，似乎明白了我的話。我繼續說下去，告訴他如何在生活中實踐這些價值觀。

「小約翰，你可以從現在開始就學習如何尊重他人、關心他人、分享和關愛他人。例如，你可以幫助你的同學或者學校、社區，參加志願者活動，這樣不僅能幫助別人，也能讓你更加成熟和成長。而且你可能贏得一生的友誼。」

我看到小約翰聽得很認真，便繼續分享。我喜歡的作家梭羅（Henry David Thoreau）有一句話，「**多餘的財富只能換取奢靡者的生活，而心靈的必需品是無需用錢購買的**。」這話說得太對了。太多人都會忘了，良好的關係、高貴的情操與人生的價值根本不需要用錢購買，卻可以讓我們的生命充滿意義與美好回憶。

希臘哲學家德謨克利特（Democritus）也說：「快樂並非取決於所擁有的，或者是握有的黃金，快樂取決於心靈。」是的，擁有金錢並不一定能夠帶來幸福，心靈的所想所感才是真正讓人感到幸福的根源。

我渴望全力告訴孩子，「我們可以在自己的生活中學習到更多的價值觀。」透過生活中的體驗和學習，我要讓孩子慢慢地明白，什麼才是真正的價值和財富，金錢固然重要，但是生命中更重要的是價值觀和心靈的豐富，只有透過這些，我們才能真正地擁有富足和幸福的生活，也能夠成為一個更加有價值的人。

「好的，爸爸，我明白了。我會珍惜自己擁有的東西，並且努力學習更多的知識和技能，讓自己成為一個更加有價值的人。」小約翰的回應讓我非常欣慰。

理財不僅是關於如何積累財富，更是一種生活哲學。父母教育孩子理財，不僅是希望他們能夠理性、有方法地管理金錢，更是希望他們從「**追尋財富**」**到**「**捨出財富**」，最終達到財富不再是生活中的重要因素。這才是給孩子理財教育的最高訴求。我們希望孩子們可以過得富足，但是財富並不是終點，只是人生旅程的一部分。

巴菲特說過一段意義深遠的話：「**我認識一些很有錢的人，他們會獲邀主持演講晚宴，還會得到以他們命名的醫院翼樓。但事實是，世界上沒有人愛他們。如果你到了我這個年紀，沒有人對你好，不管你的銀行賬戶有多大，你的生活就是一場災難。**」這段話發人深省。

可不是嗎？財富和地位都是可以追求的目標，但是最終真正重要的是你所建立的人際關係和家庭關係。財富和地位不能取代這些可貴的關係，而只有當你可以做到真正地不以財富為重時，你才能真正地擁有成功的富裕人生。所以巴菲特的人生智慧是，「**當你接近生命的終點時，衡量成功的唯一標準應該是『想要愛你的人，實際上是否愛你』的人數。**」所以他的觀念是，金錢不會讓我們幸福，幸福的關鍵是我們是否活在愛的關係裡。

逾九十高齡的智者談話，非常剴切又透悟人生。**當一個人真正富有時，反而會發現錢是什麼都買不到的**。然而，許多人只沉迷於追求財富，忽略了人際和家庭關係的重要性，最終導致了人生的失敗。

因此，太多成功人士都有同樣的觀點。在描繪金錢與無形價值之間的關係時，儘管金錢可以帶來物質上的享受和安全，但它永遠無法取代人們內心的平靜和快樂。只有當人們不再追求金錢時，他們才能真正體會生命中的無形價值，並從中獲得真正的幸福。

這樣的認知與觀念應該要從孩子小時候就培育起，不能讓他們年老後才後悔感嘆。**兒童財務教育不應只注重賺取金錢的知識和技能，更應強調人際關係、情感和自我實現等無形價值的培養**。這樣，孩子們才能在未來的人生道路上走得更加堅定和自信。這也是我想告訴孩子，也想和所有的父母分享的哲學。靜下心仔細想想，只有當我們能夠正確看待金錢、運用金錢、懂得把重心轉移到更有價值的事情上，尤其不能忽略各種人際關係的經營，才是理財教育、也是人生的真正成功！

是的，我在很多場合和每位有心教導孩子理財教育、望子成富的父母交流時，都一再強調：**最佳的兒童理財教育是：從引導孩子「累積財富」的教育，到教他們「忘了財富」的教育**。看似前後矛盾的內容，其實這才是父母要貫徹的成功教育精神。

因為，除了教導孩子如何積累財富，更要讓他們認識到金錢不是生命中唯一重要的事情。雖然賺錢理財對人的一生非常重要，但這不應成為追求的唯一目標。孩子們需要意識到生命中還有更重要的事情，如人際關係、情感、自我實現等等。這些無形價值是金錢所無法取代的，更是我們獲得真正幸福的重要因素。

一定要堅信，唯有當孩子們明白金錢不是萬能的時候，他們才能真正體會無形價值的重要性。孩子們需要透過自己的經驗和觀察來學習平衡金錢和無形價值。父母和教育工作者也應給孩子們足夠的啟發，助長他們的發現和體會。

「小約翰，還記得你小時候，我和你說過的聖誕老公公故事嗎？他教導了我們在理財方面的很多知識。」

「記得呀，你說他為了一天的送禮，卻要準備一年。還要存錢，才負擔得起給世界的禮物。」小約翰記憶不錯。

「是的，你知道他儲蓄很久，花了這麼多錢，買了這麼多禮物，目的是什麼呢？」

孩子側著頭想了一想，說道：「是為了愛啊，每個孩子得到不同的禮物，就他愛我們啊。」他回答的不差。

我點點頭，「是的，這些都是他的友善所準備的溫馨禮物，但他花的錢呢？是不是都沒了？」

「對啊，他好慷慨，都買禮物啦」小約翰。

「那我問你，聖誕老公公錢都花完了，禮物都給人了，那他收穫什麼呢？」

「這問題太簡單了。感激啊、愛呀、友誼啊，因為大家都喜歡他，感謝他嘛！」孩子直率不猶豫的回答。

「你說得太對了。如果失去金錢，卻換得這麼多的回饋，你說聖誕老公公快樂嗎？」我再問著孩子。

「肯定快樂呀。如果班上同學都喜歡我、感謝我，我一定超開心的。」小約翰笑著對我說。

是的，這就是無私給予、忘掉財富的教育。一定要教會孩子「不必涉及到錢」，一樣獲得快樂與成就感。我一直告訴小約翰：「**生命中最美好的東西都是免費的**。」我深信這是兒童理財教育的最後階段，也是最崇高的理想目標，更是給予孩子高貴情操、更如同聖誕老人一般，帶給他們快樂人生的重要禮物。

結語

當富爸爸遇到窮爸爸

父母是影響孩子理財教育的關鍵。很多人不知道的是，所處國度的稅務制度，也是另項要因。比如遺產稅，就常被提及討論。

遺產稅是政府對個人遺產轉移時徵收的稅金。遺產稅的高低也會影響父母對孩子的理財教育趨向。

當遺產稅稅率較高時，可能的現象是父母傾向採取積極的財務規劃措施，例如建立信託、轉移資產，或將資產分散到多個受贈人之中。這些措施有助減少遺產稅負擔，但可能會增加財務規劃的複雜性。如果父母進行了這些措施，那麼子女將會增加運用資產的挑戰與難度。

相反地，當遺產稅稅率較低時，父母可能會更輕鬆地進行資產規劃，並且會更願意直接將資產轉移給子女。如此就可幫助孩子更早地接觸理財知識，並且更積極地學習管理自己的財務資產。因此，遺產稅對父母執行對孩子的理財教育有一定的影響。從父母的角度，總會考慮如何最大化轉移遺產給他們的子女，並且在避免高額稅款的情況下進行資產管理。

日本知名的趨勢專家大前研一，就曾在著作中說到遺產稅的問題。這和我之前的觀察不謀而合。

大前說：在盎格魯薩克遜的世界幾乎都沒有遺產稅，所以可以讓下一代繼承自己所積蓄的資產。也就是**資產具有極高的連續性，所以每個家庭都會用心教導孩子投資理財，並讓孩子繼承他們的智慧**。

哪些國家沒有遺產稅呢？大前提到的國度，包括義大利、紐西蘭、澳洲、加拿大、瑞典等國。鄰近日本的帛琉共和國和馬來西亞也沒有遺產稅。至於一些國家如英國、法國、德國等，也一直在檢討是否要廢除遺產稅。

沒有遺產稅，那國家稅收不就減少了嗎？取代的措施是什麼呢？有些國家是以「資產課稅法」來取代原有的「遺產稅」。因為兩相比較後，遺產稅只能讓徵收到稅的國家「**暫時富有**」，資產稅卻可以讓國家「**持續收稅**」，反而可以有利國家財稅。所以課資產稅，比徵遺產稅合理、甚至有益。

簡言之，東方許多國家仍保有課徵遺產稅的制度，無形中使得父母為設法避稅，無法或不願將所有遺產留給下一代，間接地影響了下一代投資或利用的金額與機會。所以，不少識者在比較東西方兒童財商時，常發覺落差懸殊，除了對金錢觀的文化使然，也肇因於國家稅制的因素。

可見一個國家的稅務制度以及金融開放程度，不僅影響公民的權利義務，也不知不覺地影響了父母對未來世代的理財教育。關於稅制對理財教育的影響，確實值得深入研究，因為民眾的理財，除了家庭教育因素外，國家提供的制度與環境也影響深遠。

父母再窮，也不能窮孩子 vs 父母再富，也不能富孩子

但是，儘管國家的稅務制度固然是影響理財教育的因素，然而無論法律、稅務制度如何差異，最直接決定孩子未來是否富裕的最大關鍵，還是父母的觀念與作為。

在東方文化中，父母總是把孩子的需求放在首位，甚至不惜犧牲自己的一切來滿足孩子。他們相信「**父母再窮，也不能窮孩子**」，根深蒂固地認為孩子應該享受到最好的一切。然而，這一觀念的實際效果卻未必理想。因為捨不得讓孩子受苦，往往產生了「**只要把書讀好，其他什麼都不需操心**」的教育。於是不願讓孩子外出打工，這會養成孩子只知道讀書，只知道開口索討，卻不知金錢得來不易。尤其在少子化時代，全心寵愛少

數的一兩個孩子，這一心理可能更深化了。

我的一位日裔朋友就告訴我，日本有一陣子出現一個了所謂的「**六個口袋**」社會現象。指的是孩子除了由父母提供零花錢及生活開銷外，還有爺爺奶奶、外公外婆給零用錢。於是，儘管孩子的數量少了，但為孩子需要與著想的開銷支出卻增加了。當然，這種現象和長輩給予後輩關心是息息相關的，然而也更助長寵愛孩子，捨不得他們吃苦的現象。

由於父母一味地滿足孩子的需要，孩子可能會缺乏磨練理財能力的機會，不知道金錢的來源和價值。這也可能導致孩子變得嬌生慣養，不懂得珍惜和感激。

相反地，西方文化中的父母通常會給孩子一個相對自由和獨立的空間。他們相信「**父母再富，也不能富孩子**」，比爾・蓋茲就是如此觀念。西方的父母也普遍鼓勵孩子勞動打工，自籌需要的費用。

他們認為給孩子適當的挑戰和責任，會幫助他們成長和發展。他們可能會給孩子一些小任務和家庭責任，讓孩子明白金錢來之不易，以及如何管理和分配金錢。這樣做的好處是孩子在成長過程中，能夠建立起自信心和責任感，也能夠更好地了解和珍惜金錢。

比爾・蓋茲有一位妹妹叫做莉比（Libby Gates），是一位運動健將。在學時，她曾經拿過華盛頓州網球雙打的冠軍，也是壘球隊隊長、籃球隊隊長、網球隊隊長。有一次，她去買新的滑雪鞋，那時微軟已成了家喻戶曉的公司。她給運動器材店的店員信用卡，對方看到她的名字，就問她跟比爾蓋茨有沒有關係。

她說：「沒有。」

那店員回說：「我想也是，如果你跟他有關係，妳就會買好一點的滑雪器材了。」重點是，莉比並不認為她需要比較貴的滑雪器材。

這是老蓋茲回憶女兒的一則小故事。可見，蓋茲家族在孩子財務教育是成功的，蓋茲家族的孩子懂得購買商品依照的是實際需要，不是炫耀財富。

的確如此，我同樣主張，**若給了孩子太多財富，就像是給他們一個沒有挑戰的遊戲，很快就會失去興趣，因為無法從中獲得成就感和滿足感。**相對地，給孩子足夠的挑戰和機會去探索、學習，就如同讓他們參加一場充滿挑戰性的遊戲，從中才可以獲得成長和成就感。

東方與西方的父母觀念有差異，這可能是因為文化、經濟、教育等方面的不同。然而，孩子的成長和發展是所有父母共同關心的問題。因此，無論是哪種文化，都應該注重孩子的全面發展和能力培養。父母可以在孩子的成長過程中，給予他們適當的幫助和指導，但最終的目的是讓他們成為獨立、自信、有責任感的人，而不能教育出只知道索討和依賴的孩子。因此，父母應該在孩子的教育中，既要注重給予他們足夠的關愛和關注，也要培養他們應有的金錢觀和理財能力。若是將此觀念作為培育孩子擁有正確的財商教育，及早給予孩子正確的輔導，使其懂得財務的投資與經營，最後得享安穩富裕的一生，這才是「**平凡爸媽也可以教養出非凡孩子**」的教育理想，也才是為人父母最大的滿足與安心。

讓我再次強調，孩子的大腦需要填補金錢與理財觀念，如果父母不從孩童時期就正確地培養灌輸，那麼總有其他的機會或是他人來教育他們，填補這塊空白。但是，他獲得的很可能是錯誤不當的認知，甚至是吃了大虧，更糟的是在鑄下大錯後才學會教訓。這不是貽誤孩子的人生嗎？因此，為了讓孩子擁有正確且平安的財務人生，最佳的理財老師自然就是父母莫屬了。對此說法，我相信你一定深表同意。那麼，就請立即開始接下「**孩子的理財規劃師**」的任務角色，祝您培育的子女都能成為兼顧私利與公益，而且是友善愛心的「**富一代**」！

財務教育箴言

◎不要讓金錢成為你目標的終點，而應該讓它成為你實現夢想的起點。
◎我們現在的財富取決於我們的先輩，我們的未來取決於我們自己。
◎金錢和時間是生命中最重要、必須善加管理的有限可貴資源。
◎亂借錢，等於是偷竊未來的自己。
◎最好的投資不是房地產或股票，而是投資在孩子的教育和發展上。
◎財富不求來自於繼承，而是來自於創造。
◎和孩子談金錢並不俗氣，除非你的觀念俗氣。
◎財富管理就像是你的身體，必須時不時地檢查，否則容易越來越不健康。
◎不是便宜就好。購買便宜的東西往往是最昂貴的，因為你需要更換的次數更多。

◎購買奢侈品的唯一好處，就是你可以向自己炫耀，但是快感只能持續幾秒鐘。

◎許多人都說他們沒有時間理財，他們沒有意識到這比滑手機或看電視重要。

◎最好的理財計劃就是不要讓自己陷入需要理財的窘境。

平凡爸媽的超級任務
培育孩子的鈔能力

作　　者　斯特林・H・克蘭（Sterling H. Crane）
譯　　者　方仁馨
編　　輯　龐君豪
封面設計　楊國長
版面設計　曾美華

發 行 人　曾大福
出版發行　暖暖書屋文化事業股份有限公司
地　　址　10649臺北市大安區青田街5巷13號
　　　　　電話 886-2-23916380　傳真 886-2-23911186
出版日期　2024年09月（初版一刷）
定　　價　450元

總 經 銷　聯合發行股份有限公司
地　　址　231新北市新店區寶橋路235巷6弄6號2樓
　　　　　電話 02-2917-8022　傳真 02-2915-8614
印　　製　成陽印刷股份有限公司

國家圖書館出版品預行編目資料

平凡爸媽的超級任務 培育孩子的鈔能力/斯特林.H.克蘭(Sterling H. Crane)作；方仁馨譯. -- 初版. -- 臺北市：暖暖書屋文化事業股份有限公司, 2024.09
面；　公分
譯自：Creating a legacy of wealth : how ordinary parents can raise extraordinary children
ISBN 978-626-97517-2-3(平裝)

1.CST: 理財 2.CST: 親職教育 3.CST: 子女教育

563　　112011786